七田式

「自分の意思で
決められる子供」を育てる

40のポイント

どっちの子育て？

小学生編

株式会社しちだ・
教育研究所 代表

七田 厚

発行・日刊現代／発売・講談社

はじめに

子供との生活は、選択の連続です。

成長し続ける子供の周囲には、常に様々な問題が浮上します。そのたびに、子供はもちろん、親も一緒に「どの道を選べばいいの？」という選択を迫られます。そして、この道を選んでよかったのだろうかと振り返る間もなく、また次の選択肢があらわれる。おそらく多くの親子がそんな日々を送っているのではないでしょうか。

本書では、小学生とその親によくある40のお悩みを集めました。そして、その際の親の対応を二択で示し、「実はこっち！」という選択の理由を解説しています。

子供には一人ひとり個性があります。そしてもちろん、親にも個性があり、親子を取り巻く環境も千差万別です。そのため実際には、本書で示した二択以外にもたくさんの選択肢が存在することでしょう。また、本書でおすすめした「こっち！」という選択や解説が、当てはまらないケースもあるはずです。

子育てにおいては、誰かにとっての「正解」や「絶対」が、他の人にも通用するとは限りません。そのため必ずしも、本書のすべての内容があなたの役に立つとは言えません。しかし、「正解」や「絶対」を共有することは難しくても、「指針」であれば可能です。

本書では、父が生み出した七田式を受け継ぎながら教育研究に従事し、さらには3人の子供の父親として子育てを経験した私の「指針」を随所に散りばめました。みなさまにはぜひ、40のお悩みに向き合うことを通して、この「指針」に触れていただけますと幸いです。

七田式では「子供の見方6つのポイント」をお伝えしています。

1つ目は、「短所を見ない」。短所を指摘して伸ばそうとするよりも、長所に注目してほめてあげてください。そうすることで子供の目は輝き始めるはずです。

2つ目は、「過程だと受け取ること」。子供は成長過程であると理解しましょう。現時点でのできないことや苦手なことばかりに目くじらを立てず、子供の今の姿を受け止めてください。

3つ目は、「完全主義で育てない」。大人と違って子供は、何ごとも「できて当たり前」ではありません。子供と同じ目の高さで物事を見つめ、完全主義を手放しましょう。

4つ目は、「比較しない」。たとえきょうだいであっても、同い年であっても、成長度合いや得意・不得意に違いがあります。その違いを個性として受け止めて、比較することなくのびのびと育てていきましょう。

5つ目は、「学力中心で育てない」。勉強はもちろん大切です。しかしそれ以外にも、重視すべきことがたくさんあります。多くの場面では学力よりも先に、「人としてどう生きるのか」が問われることになるからです。

そして6つ目が、「そのままで100点と見る」。親はついつい子供に期待して、より高いレベルに到達することを求めがちです。しかし子供は、ありのままの姿を認めてくれることに喜びを感じます。いいことがあれば「○○ができてすごいね! 100点!」と受け入れてあげてください。きっと子供は、想像以上の姿を見せてくれるようになるはずです。

ご家庭におかれましてはぜひ、この「6つのポイント」を意識して、子供たちと過ごしていただければ、大変うれしく思います。


小学生にもなれば親と子の関係性は、幼児の頃とは違ってきます。では一体、親はどのようなスタンスで子供と向き合えばいいのでしょうか。

そこで参考にしたいのが、アメリカンインディアンに伝わる「子育て四訓」です。

乳飲み子からは肌を離すな

幼児は肌を離して手を離すな
少年は手を離して目を離すな
青年は目を離して心を離すな

この「子育て四訓」によると、「少年」の時期にあたる小学生は、親が子供から「手を離して目を離さない時期」ということになります。

乳幼児期の子育てと小学生の子育てにおける大きな違いは、意思決定の主役が誰なのかということ。知識も経験も少なく、親が何もかも決めてリードしなければならなかった乳幼児期とは異なり、小学生になれば子供自身が自分の意思で決める場面が増えてきます。

たとえば乳幼児期であれば、親が選んだ教材で学ぶことに子供自身が違和感を持つことは少ないでしょう。しかし、小学生になればそうはいきません。子供が自分の意思で選び、やると決めたことでなければ、前向きに取り組めないケースが増えてきます。とにかく大切なのは、「自分の意思で決める」ことなのです。

とは言え、そうした意思決定は「小学生になれば自然とできるようになる」というものではありません。知識や経験が乏しいうちは、先を見通す力も育っていませんから、どの道を選べばいいのか決めるのは至難の業です。

だからこそ、この時期の親に求められるのは、先を見通せるようサポートをすること。

「こうやったら、こんなふうになるよ」と先行きを示すことで、子供が安心して意思決定をできるようアシストしてほしいのです。特に9歳頃までは、親の丁寧なサポートが必要です。10歳頃からは少しずつ、子供自身が判断をできるよう手を離していきましょう。

小学生の親に求められているのは、子供がどうするべきかを決めたり、指示をしたりすることではありません。ただ、提案をすることです。子供に対して「～をやりなさい」と強いるのではなく、「どうしたいのか」をたずねる。そして、その希望を叶えられるように選択肢を示したり、先を見通せるように助言したりする。あくまでも提案という形で、子供を支えることが求められているのです。

どんなときにも、決めるのは子供自身。子供がよりよい道を選び、自らの意思で進んでいけるよう、この時期にしっかりと併走してください。それこそが、目を離し心を離さない青年期に向けての重要なステップになるはずです。

小学生の6年間は、育児のラストチャンスともいえる期間です。

乳幼児期には親が世界の中心だった子供たちですが、小学生になれば少しずつ手が離れてきます。とは言え、まだまだ親を必要とし、愛情を求めている時期です。

できればこの貴重な6年間に、子供との素敵な思い出をたくさんつくってください。小学生時代は、そうして子供と併走できる最後の時間なのですから。

乳幼児期の子育ては、子供を抱いて走っているような状態でした。その時期と比べると、小学生の子育ては、肩を並べて応援しながら走っているような感覚です。そして中高生になると、親の存在はぐんぐんと小さくなっていきます。子供にとって親は、沿道で旗を振っているくらいの遠い存在になっていくのです。

みなさまにはぜひ、育児のラストチャンスともいえるこの時期を存分に味わい、充実したものにしていただけますように。本書がそのお役に立てますことを心から願っています。

目次

第1章 学校のお悩み編

勉強、友達、クラブ……
悩みのタネは尽きない！

どっち？　その1

先生から「授業に集中していない」と指摘された

□
集中して授業に取り組み、学びを深めることの大切さを説明する

□
授業に興味を持てるよう、楽しみながらできる予習に取り組んでみる

授業中にもかかわらず、上の空で窓の外を見ていたり、ノートに落書きすることに夢中になっていたり……。そんなことが続けば授業についていけなくなり、成績が下がるのも無理はありません。なんとか授業に集中してほしいですね。

授業に集中できない。その理由は、一体どのようなものでしょうか。

まず考えられるのは「授業がおもしろくない」ということ。授業の内容を理解できない。だから、聞いていてもおもしろくない。そうした状況であれば、たとえ大人でも注意力が散漫になるはずです。子供が集中できないのも無理はありません。

その状況から抜け出すには、「授業がおもしろい」と感じる必要があります。そのために、親ができることを考えてみましょう。

授業についていけるように、自宅での予習・復習に付き添うのも一つの方法です。そうして理解力がつけば、日々の授業で「わかる」という手応えを感じられるようになり、授業がおもしろくなります。そのフェーズに入ってしまえば、もう心配はありません。学ぶ喜びも実感できるようになり、授業に集中するようになるはずです。

ただし、親がそのようなきめ細やかな授業サポートをするには、時間的にも精神的にもかなりの余裕が必要です。勉強を教えることにも慣れていませんから、効率よく指導できるとも限りません。塾や家庭教師を頼るのも手ですが、それが難しい場合もあるでしょう。

そこで私がおすすめしたいのは、図鑑や学習漫画、歌といった、子供が関心を持ちやすいものを通して、授業を少し先取りした知識を入れておくということ。七田式では乳幼児期から、歌などを通して小学校高学年で習う内容に触れています。たとえば、日本にある長い河川のベスト10を歌にして、それを繰り返し聞くことで無理なく記憶させるのです。

そうすればこの記憶は、ゆくゆく社会の授業の中で、日本の河川について学ぶときに役立ちます。たとえ完全な記憶が残っていなくても、問題ありません。「なんだか聞いたことがある」「知っているような気がする」という程度で十分。それだけで、授業に向かう気持ちに大きな差がつきます。

授業の内容が「聞いたこともないし難しそう」という状態では、集中するのは至難の業。だからこそ、少しでもアドバンテージがある状況にしておくのです。

右脳の発達という観点から見れば、できることなら乳幼児期のうちに、歌や絵本などを通して就学前から知識を蓄えるのがベストです。しかし、小学生になってからでも遅くはありません。わずかなアドバンテージさえあれば、授業に対する集中力は高まっていくのですから。

このときのポイントは、できるだけ楽しく予習できる方法を探すこと。子供が少しでも関心を持てるものを取り入れると、前向きに取り組めるので学習効率も上がります。

社会が苦手だと感じている子供なら、先ほどお伝えしたような歌で楽しく暗記をするのもいいでしょう。小学生新聞や図鑑、学習漫画などを読むことで、好奇心を刺激しながら知識を増やすのもおすすめです。

そのほかにできることとしては、食生活を見直してみるのも有効です。精製した砂糖をとりすぎたり鉄分が不足したりすると、集中力が低下することがあります。楽しく予習をすることに加え、食事のバランスを整えることで、次第に授業に集中しやすくなることでしょう。

やってみよう

授業に興味を持てるよう、楽しみながらできる予習に取り組んでみる

授業に集中できないのは、内容を理解できずおもしろくないから。図鑑や漫画、歌などを取り入れた楽しい予習を続けていけば、次第に授業におもしろさを感じられるようになります。そうすれば自然と、授業に集中できるようになるはずです。

どっち?　その2

勉強への苦手意識が強くて、やる気が出ないみたい

□

何か一つでも得意科目をつくれるよう、少しでも興味があるものを集中的に勉強

□

苦手を克服して自己肯定感を上げられるよう、苦手意識が強いものから優先的に勉強

勉強が苦手。そう感じる子供にまず目指してほしいのは、得意科目をつくること。1科目でも構いません。「この科目なら大丈夫！」と自信を持てるものを見つけてほしいのです。

親の中には、我が子を他の子供と比較して、遅れている部分や至らない部分にばかり着目してしまう人がいます。その子が持つプラス面よりもマイナス面が気になってしまい、マイナスをカバーすることにばかり注力してしまうのです。

それはもちろん、悪いこととは限りません。しかしもしも、勉強全般において苦手意識が強く、自信を持てずにいる状況にあるのなら、まずはプラス面に目を向けるのが得策です。

子供は今、すべての科目が「苦手」な状態だとします。その場合、すべての科目を「普通」と言える平均的な成績にまで引き上げるのと、苦手な科目は多々あるものの「得意」と言える科目が一つでもある状態になるのでは、どちらが本人の満足感を高めてくれるでしょうか。

おそらく多くの子供が、一つでも「得意」があることに価値を感じるはずです。

この科目であれば、前向きな気持ちで取り組める。友達に質問されたら教えられるほどの理解力がある。そんなものが一つでもあれば、たとえ苦手科目を抱えたままでも劣等感が薄まっていきます。それどころか自己肯定感が高まり、勉強全般に対する好循環が生まれていくのです。

得意科目をつくるには、その科目を好きになるためのコツを親がアドバイスできるといいですね。

たとえば算数なら、計算のコツを教えられるといいでしょう。算数が苦手な子供の多くは、繰り上がりの足し算でつまずいています。このハードルを無理なく越えるためには、繰り上がりのパターンを覚えることが有効です。

5と6を足すと、どうなるのか。7と4を足すと、どうなるのか。そうした繰り上がりのパターンをすべて覚えてしまう。すると当然ながら、繰り上がりの足し算がぐっとスムーズになります。それはこれから先、たくさんの足し算に取り組む上で強力な武器になります。計算の理屈を学ぶことはもちろん大切ですが、こうした暗記は思いのほか役立つことがあります。それが、算数を得意にするコツの一つなのです。

繰り上がりの足し算でつまずくことなく、順調に学びを進められた子供はきっと「算数が得意」という自信を持つことでしょう。その自信はきっと「他の科目でも力を伸ばせるはず」という希望につながっていくはずです。

そうやって努力を続けてみても、なかなか得意科目をつくれない。そんな場合は、勉強に限らずどんなことでもいいですから、とにかく「得意」を見つけてみるといいでしょう。学校の成績に直結しなくてもいい。何か一つでも、自信を持って「得意」と言えるものを探してみるのです。

私の知人に、子供の頃に泥団子をつくるのがとても上手な人がいました。砂と水というシンプルな材料だけで、誰にも負けないきれいな泥団子をつくることができるのです。たとえ泥団子づくりが上手でも、学校の成績がよくなることはないかもしれません。しかし、彼は、この泥団子づくりで自信を持ち、その「得意」をぐんぐん伸ばしていきました。

結果として彼は今、寿司職人として多くの人に喜ばれる仕事をしています。きっと、泥団子づくりを続ける中で知った「つくることの魅力」や、培ってきた自信などが大きく実を結んだのでしょう。

「得意」を見つけることはこのように、一生ものの財産になり得ます。学校の成績が上がるのはもちろんすばらしいことです。しかし、大切なのは成績だけではありません。子供の人生にとって「得意」を見つけることには、計り知れない大きな価値があると思うのです。

得意科目が見つからない我が子を見ると、忍耐強く暗記をさせることで知識を増やし、成績を伸ばそうとする親がいます。しかしその方法では、子供の得意を見つけるのは難しいかもしれません。

暗記によって知識を増やしていけば、子供の世界は広がっていきます。しかし本当の意味での学びとは、ただ暗記をすることではないはずです。

教育とは、子供に知識を与えることではありません。自ら学ぶための方法を教えること、そして、学ぶ習慣を身につけさせることこそが、教育なのです。

ＩＱ（知能指数）は、人の能力を測る上での基準の一つとされています。しかしＩＱのみによって、その人の真の能力を測ることはできません。すべての人は、ＩＱだけでは測れない唯一無二の能力を持っているのですから。

ハーバード大学の心理学者ハワード・ガードナーによると、人間には8つの知能があるとされています。それが、言語的知能、論理数学的知能、空間的知能、音楽的知能、運動感覚的知能、対人的知能、内省的知能、博物学的知能です。

しかし、これらの知能が高かったとしても、それは必ずしも、学校の成績やＩＱには反映されません。もちろん、言語的知能の高さが国語の成績の高さにあらわれたり、論理数学的知能の高さが算数を得意にさせたりというケースもありますが、空間的知能や対人的知能、内省的知能などは、たとえ高くても学校の成績などにあらわれにくいことでしょう。しかし、誰からも評価を受けなかったとしても、その優れた知能は、確実に子供の中にあるのです。

すべての子供は、天才です。一人ひとりが生まれながらにすばらしい知能を持ち、どこまでも伸びていく可能性を秘めています。

だからこそ大切なのは、その子供が伸びる方向を見極めて、力を伸ばすサポートをしていくこと。これからの時代ではますます、様々な分野の才能が認められ、必要とされるようになっていきます。だからこそ、苦手を伸ばすことに苦心するのではなく、軽やかに得意を伸ばしていきましょう。

成長とともに際立ってくる子供の個性や知能を、その様子を見たり聞いたりする中で感じ取ってみてください。そして、存分に飛躍させられるよう手助けをしていけるといいですね。

やってみよう

何か一つでも得意科目をつくれるよう、少しでも興味があるものを集中的に勉強

苦手を克服するよりも、何か一つでも得意をつくることが得策です。そのことで自信が付き、他のことに対する意欲も湧いてきます。「得意」を見つけて伸ばしていきましょう。

どっち?　その3

「どうして勉強しなきゃいけないの?」と聞かれた

□

子供の仕事は勉強。大人とともに子供も頑張るべきだと伝え、使命感を持たせる

□

成長し、夢を実現するため。そして、大切な人の役に立つために勉強が必要だと教える

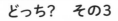

小学生になった途端、学校での勉強が始まります。前向きに取り組めているうちはいいのですが、そのうち、飽きたりつまずいたりするときがやってきます。

それでも変わらず、学校では授業を聞かなければならない。家に帰ってからも、宿題をしなければならない。テストの点数や成績を気にしなければならない。自分には、勉強よりもっとやりたいことがあるのに……。

そして、疑問に思うのです。「どうして勉強しなきゃいけないの?」と。そう問われたときに親は、一体どのように答えればいいのでしょうか。

この質問に対する答えは、子供の成長に応じて変えるといいでしょう。

9歳までであれば、「自分が成長するため」と教えてあげるのがおすすめです。勉強をすれば、自分の力でできることが増えていきます。たとえば、勉強をするうちに読める文字が増えていく。すると、ひとりでは読めなかった本を、自力で楽しめるようになります。本を手に取れば多くの情報に触れられますから、世界はどんどん広がっていきます。

初めのうちは誰だって、できないことばかりです。文字を読むことにしても、足し算や引き算にしても、初めからスイスイできる人はなかなかいません。うまくできない悔しさやもどかしさを感じつつ、練習するうちに少しずつできるようになっていくのです。

これまではできなかったことが、努力によってできるようになる。それは、大きな喜びです。

喜びにはいろいろな種類のものがあります。たとえば、「ほしいものを買ってもらう」というのも喜びです。しかし、自分の努力によって勝ち取ったものではありません。子供はどちらの喜びに、より大きな価値を感じるでしょうか。

勉強をすると、成長することができます。たとえすぐにはその成長を感じられなかったとしても、努力をするうちに、できることが増えた自分に気が付きます。そして、喜びを感じるとともに、大きな自信を持てるようになるのです。

子供が10代になれば、勉強の理由は「夢を実現するため」と教えてあげるといいでしょう。

勉強をすれば、できることが増えていきます。そうすれば、道を切り拓く力がついていきます。それは、夢の実現に近付いていくということです。

もしも子供自身に、やりたいことやなりたいものがあるのなら、その夢を叶えるために、どんなことを勉強すればいいのかを助言してあげてください。特に夢がないという場合は、「今、好きなこと」「今、やっていて楽しいと思うこと」を聞いて、それをさらに発展させ充実させるために、どんなことを勉強すればいいのか伝えてあげてください。

勉強の先には夢の実現がある。そのことを実感すれば、きっと、勉強することの意味が腑に落ちるはずです。

そうして勉強に意味を見出せた子供に伝えてほしいのは、最終的な目的は「世の中の役に立つため」だということ。「大切な人の役に立つため」と言い換えてもいいでしょう。

たとえば将来、仲間と一緒に登山をして道に迷ったとします。そのとき、星について勉強している人なら、北極星の位置をヒントに方角を調べ、最適な下山ルートを導き出して仲間を救えるかもしれません。勉強して力をつければ、このように、大切な人を守ったり喜ばせたりできるようになるのです。

人は、「自分のため」よりも「誰かのため」のほうが頑張れるものです。大切な人の役に立つため、前向きな気持ちで勉強に取り組めるようになるといいですね。

やってみよう

成長し、夢を実現するため。そして、大切な人の役に立つために勉強が必要だと教える

勉強をした先に、どんな未来があるのかを伝えてあげましょう。勉強をすることで理想の未来を実現できるのだと知れば、向き合い方が変わるはずです。

どっち？　その4

中学受験をしてほしいけれど、乗り気じゃないみたい

□ 「中学受験をする」と親が心に決め、子供のモチベーションを上げさせる

□ 進学した場合の将来の可能性を示し、受験するかどうかは本人の意思に任せる

文部科学省の調査によると、2022年度に全国の中学校に在籍している生徒のうち、私立に通っているのは7・7%、都道府県別でみると、東京都が最もその割合が高く25・5%となっています。この割合は、東京23区においてはさらに高くなり、トップである文京区では約半数が私立中学に進学しています。

受験の理由は人それぞれですが、学校独自の指導方針があること、設備が整っていること、学校行事が充実していることなどを挙げるケースが多いようです。中高一貫校の場合は、高校受験をしなくてもよくなるため、ゆとりある学生生活を目的に受験をする人もいます。

中学受験をしてほしいけれど、子供が乗り気になってくれない。

そうしたお悩みを持つ場合、まずは考えてみてほしいことがあります。親であるあなたはなぜ、子供に中学受験をしてほしいのでしょうか。そして子供はなぜ、受験に対して前向きな気持ちになれないのでしょうか。

子供に受験をすすめる親の中には、中学受験こそが最善の選択だと思い込んでいる人がいます。しかし、実際に進学するのは親ではなく子供です。だからこそ、それが最善かどうかを決めるのは、親ではなく子供であってほしいと思うのです。

親がすすめる学校に、たとえすばらしい環境が用意されていたとしても、子供自身が満足するとは限りません。意に沿わない受験や進学をした末に、「違う中学を選んだほうがよかった」と後悔する可能性もあります。

それが自分で選んだ進路であれば「自分で決めたことだから仕方ない」と気持ちの整理をつけやすいものです。しかし、親の希望によって無理やり進学した場合には「親のせいで学校生活がうまくいかない」という不満を抱えやすくなります。

とは言え私は、息子が高校受験をする際には大いに口を出しました。本人は乗り気ではなかったのですが、私と妻が最善だと感じた高校を強くすすめたのです。

私たちがその高校を選んだ背景には、いくつもの理由がありました。数々の進路を比較検討した上で、彼にとって最善の選択だと考えたからこそ、その道をすすめたのです。もちろん息子には、そうした理由を一つひとつ説明しました。

すると、乗り気ではなかったものの彼なりに納得して受験・進学。結果的に、「この高校を選んでよかった」と話してくれたので、ほっと胸をなでおろしました。どんなにすばらしい学校であっても、実際に通学してみなければ自分に合うかどうかはわかりませんからね。

まだまだ経験が少なく、触れられる情報も限られている小学生にとって、中学生活やその後の進路などを想像するのは難しいもの。だからこそ進学にあたっては、できるだけ細やかにその後の見通しを示してあげるといいでしょう。

得意としているサッカーに力を入れたいのなら、A中学に進学すればその環境が整っているはず。芸術の道に進みたいと思っているのなら、B中学の方針や雰囲気があなたに合っているはず。そんなふうにして、進学後の道を具体的にイメージできるようにするのです。子供自身がその進路に魅力を感じれば、自然と受験勉強にも力が入ることでしょう。

結果的には、本人が「受験しない」という選択をする場合もあります。そのときは、本人の選択を受け入れたほうがいいのかもしれません。親にできるのは、選択肢を示すこと。選ぶのはあくまでも、子供自身なのです。

やってみよう

進学した場合の将来の可能性を示し、受験するかどうかは本人の意思に任せる

子供の進学にあたって親ができるのは、どのような選択肢があるのかを示すこと。そして、親なりにベストだと思う選択肢をすすめることです。受験するかどうかを決めるのは、あくまでも子供自身です。

どっち？　その5

放課後の野球クラブに夢中で成績が下がっている

□

帰宅後の勉強時間について
親がアドバイスするなどして、
野球と勉強の両立を応援する

□

「成績が下がれば野球は
やめる」という条件を出し、
自分なりの勉強方法を見つけて
頑張るよう応援する

夢中になれるものがあるのは、すばらしいことです。しかしそのせいで、勉強をしなくなり成績が下がっているのなら、対策を考えたほうがいいのかもしれませんね。

具体的には、帰宅後の勉強時間について親がアドバイスをしながら、子供と一緒に設定してみるといいでしょう。そうして、野球との両立を応援するのです。

子供のうちは、見通しを立てたり時間配分を考えたりするのが難しいもの。勉強にしても何にしてもそうですが、無計画のままなんとなく取り組み、限られた時間の中で完遂するのは大変なことです。放課後に夢中でスポーツをしている子供なら、なおさらですね。

帰宅後、就寝までに残された時間はわずか数時間。しかも、放課後にたっぷりと体を動かして疲れている。眠気に襲われて集中力が切れたり、勉強するだけの気力が残っていなかったりしても無理はありません。

しかし、だからと言って勉強をおろそかにするのはよくありません。そこで、親のアドバイスが生きてきます。「野球を頑張ってもいいけれど、勉強もしてほしい。だから、こんなふうに時間を使って勉強してみたらどうかな?」と提案をしてみましょう。

たとえば、帰宅後にどれだけ疲れていても、夕食が始まるまでの30分間は必ず勉強する。その時間帯を勉強タイムに設定した理由は、夕食でおなかがいっぱいになると眠くなって、勉強しないまま就寝してしまうことが多かったから。そして、「早起きをして勉強する」と宣言したけれど、寝坊してうまくいかなかったことがあったから。このようにして、この時間帯で勉強をすることの必然性を示すと子供も納得しやすくなるでしょう。

そうとわかればこの時間帯には、のんびりと休憩している場合ではありません。子供もそのことを理解しているからこそ、「勉強しなければ」という気持ちが湧きやすくなります。

夕食ができるまでの30分、入浴までの20分、就寝前の10分……。細切れの時間で構いません。子供が勉強に取り組みやすい時間帯を見つけ出し、子供自身の意思によって勉強時間を設定させてみてください。


それでも勉強ができなかったり、宿題ができないままになっていたりすることが続くようなら、折をみて野球を休み、勉強に集中する時間をつくります。

こうした状況になれば、「約束通りに勉強できないなら、野球をやめなさい!」と言いたくなるかもしれません。しかし、子供が夢中になれるほど好きなものは、できれば続けさせてあげたいもの。ぐっと我慢して「明日からも野球ができるように、今日は頑張って勉強をしなさい」と応援してあげるといいでしょう。

コーチや友達には必ずしも、野球を休む具体的な理由を伝えなくてもいいと思います。

子供としては、「約束通りに勉強ができなかったから、休みます」とは、言いたくないでしょうから。「家庭の都合」などおおまかな理由だけを伝えて、子供のプライドを守りつつ休ませればいいでしょう。そうすれば子供は、「今後はこんな理由で休まなくてもいいように頑張ろう」と奮起するはずです。

また、それなりに勉強をしているはずなのに成績が下がっているのなら、場合によっては「勉強の方法」を教える必要があります。なぜなら、「勉強の方法」がわかっていない可能性があるからです。

息子が中学1年生のときの話です。明日はテストというタイミングで「数学の問題集がほしい」と言うので一緒に買いに行きました。

帰宅してしばらくした後、息子の様子を見るとくつろいでいたので「問題集、やらないの？」と聞いてみました。すると、「もうやったよ」と言うのです。

「そんなに早くできるものかな？」と不思議に思って問題集を見せてもらうと、答え合わせをしていないばかりか、ところどころ解いていない箇所があるのです。

息子に聞いてみたところ、自分にわかる問題だけを解いて、その後の答え合わせはしていないとのこと。しかも、その方法で勉強が終わったと思っていたのです。

当然ながら、そんな勉強方法で成績が上がるはずはありません。わからない問題にこそ取り組まなければ学力は伸びませんし、答え合わせによって自分の間違いを自覚し、正しく理解することの積み重ねが大切なのですから。

息子に、「問題集に取り組む前よりも、進歩したことはある？　『できなかったことができるようになった』と感じることはあった？」と聞いてみると、ようやくこの勉強方法では意味がないということに気がついたようです。

そこから私は、わからない問題があったときに答えを見るのは悪いことではないということ、答えを見ながら「どうやって解けばいいのか」を考え、解き方を身につけていけばいいことを教えました。

思い返してみれば息子は、幼児の頃からプリントなどに取り組み、問題を解くことには慣れていました。ただし、答え合わせはいつも先生。そのため、「わかる問題だけ解けばいい」という意識があったようなのです。

大人にしてみれば、当時の息子のような勉強法が無意味だということは、言うまでもないと思うことでしょう。しかし子供は、大人のように勉強の経験を積んでいるわけではありません。勉強の方法がわからないまま、効率が悪いやり方で手間や時間、お金だけをかけて「勉強したつもり」になっていることも少なくないのです。

ですから、ときには子供の勉強方法をチェックして、より効率的な勉強が可能になるようにアドバイスできるといいと思います。

このようにして、勉強と何かの両立がうまくいかないときには、親が助言をしながら勉強への気持ちが高まるよう導いてみてください。子供が「やらされている」と思うことなく、子供自身の意思で頑張れるようになれば理想的です。大好きな野球も、そしてもちろん勉強も、どちらもバランスよく取り組めるようになるといいですね。

＼やってみよう／

帰宅後の勉強時間について親がアドバイスするなどして、野球と勉強の両立を応援する

見通しを立てたり時間配分を考えたりするのが難しい子供に代わり、親が「どの時間に勉強すればいいのか」をアドバイス。野球と勉強との両立方法を一緒に探していきましょう。

どっち？　その6

動画視聴やゲームがやめられず、勉強をさぼりがちになっている

□

動画やゲームの刺激は勉強への意欲を低くしてしまうので、平日は使わせない

□

自分の考えによって勉強のスケジュールを立て、それを守れるように親がサポートする

動画やゲームは、子供はもちろん大人にとっても刺激的で魅力的なもの。夢中になってしまって、他のことが手につかず困っている人も多いのではないでしょうか。

夢中になれるほど好きなことがあるのはいいことですが、そのせいで勉強をしなくなっているのなら心配ですね。そうした場合は、勉強のルールを子供自身に決めさせて、それを守れるよう親がサポートすることをおすすめします。

32ページでは、放課後に取り組んでいる野球に夢中になるあまり、勉強がおろそかになり成績が下がっている場合のアドバイスをご紹介しました。このケースと今回で異なるポイントは、使える時間がどれくらいあるのかということです。

野球に夢中になっている子供の場合は、遅い時間まで野球の練習に明け暮れ、体力・気力ともに使い切った状態で帰宅するため、そもそも勉強に割ける時間が少ない状況を想定しています。限られた状況の中で勉強時間を確保する必要があるため、親が手助けして勉強のためのスケジュールを考えるのが望ましいでしょう。

しかし今回のケースで想定しているのは、クラブ活動や習いごとなどで時間や体力を消費しているわけではなく、余力を残して帰宅している状態です。

中には、動画やゲームから多くのものを学んでおり、そうした学びを勉強以上に大切にしたいと思っている人もいるかもしれません。大きな価値を見出して、情熱を傾けている人もいるかもしれません。

もちろんそうした価値観は人ぞれぞれですので、特定の考えを否定するつもりはありません。その上で今回は、あくまでも遊びとして動画やゲームを楽しんでいる場合を想定し、対応策を考えてみたいと思います。

理想的なのは、自分の考えによって勉強のスケジュールを立てることです。小学生には、勉強が必要です。そのことを理解した上で、たとえば「夕方5時から1時間は勉強をする」と自分で決める。そのルールを守れなければ、動画やゲームはできないと決めるのです。

もしもルールを守れなければ、親がゲームを没収するなどして厳守させるといいでしょう。やりたいことをやって自由に過ごしたければ、自分で決めたルールを守る必要があるのです。


ただし、勉強をしたからといって夜中まで動画やゲームに噛りついているのも困りものです。十分な睡眠をとれずに体を壊したり、視力が落ちたりするリスクもあります。ですからこの点も、ルールを決めるといいでしょう。

たとえば、「ゲームは夜8時まで」と決める。もしも子供が「9時までやりたい」というのなら、その時間にゲームをやめて就寝した場合に、翌朝ちゃんと起床できるのかどうかを検討しましょう。問題なく起きられるのであれば、それでもいいのかもしれません。

とにかく、勉強はもちろん健康維持に支障が出ないよう、子供自身が考えて時間のルールを決めます。そして、そのルールを親が共有し、確実に守れるようサポートするのです。

もしもテレビであれば、「夜8時から始まる30分番組を1本だけ見る」などと決められるのでシンプルです。お目当ての番組の放送時間にのみ誘惑があるので、その他の時間は割り切って勉強などに取り組みやすくなります。

しかし動画やゲームの場合は、スタート時間も終了時間も定まっていません。そのため、自分に厳しくならなければ、長時間にわたって没頭してしまいます。自分を律することができるよう、親が適切なサポートをできるといいですね。

やってみよう

自分の考えによって勉強のスケジュールを立て、それを守れるように親がサポートする

動画やゲームをやめられないのなら、まずは自分で計画を立てさせること。勉強のスケジュールを立て、それを守れるようにルールも決めましょう。親はそのルールを共有して、確実に守れるようサポートしてあげてください。

どっち？　その7

友達と遊んでばかりで勉強しない。友達との遊びを禁じるべき？

□

勉強に取り組めるようアドバイスしながら、友達との関係も大切にするよう伝える

□

勉強ができないなら友達との遊びをやめるよう取り決めをする

仲のいい友達がいるのはすばらしいことです。しかし、その友達に誘われるがまま、勉強もせずに遊んでばかりいるとしたら、どうでしょう。

友達との縁を切らせてでも、勉強をさせたほうがいいと思う方もいらっしゃるかもしれません。もちろん勉強は大切ですから、なんとかして勉強に取り組めるよう、策を練りたいところです。32ページでご紹介した方法も、ぜひ参考にしてみてください。

しかし、どのような状況であれ、私は、友達との関係を切らせてまで勉強させるべきとは思いません。友達とは、それだけ大切なものだからです。

私は高校時代、寮生活を送っていました。寮ではたびたび部屋替えがあったのですが、3度目くらいの部屋替えで同室になったのがA君でした。

それまで同室だったB君は大変な勉強家で、その影響を受けて私は積極的に勉強するようになっていました。とてもよい影響を受けていたのです。しかしA君は、B君とはまったく違うタイプでした。勉強せずに遊んでばかり。しかも、同室の私を道連れにしようとするのです。A君は私に「同じ部屋になったからには、勉強はさせないよ」と宣言しました。

当時の私は、自分であらかじめ計画表をつくり、そのスケジュール通りに勉強をしていました。それなのに、A君と同室になってからというもの、彼に阻まれてしまい全然予定通りに進みません。ほとんど勉強できないまま、1日が終わってしまうのです。

そんな日々が続くうち、私は「このままではダメだ」と思うようになりました。父に電話をして、A君と一緒にいると勉強ができないということ、そして、成績がどんどん下がっていくと思うので寮を出たいと思っていることを伝えました。

私は当然ながら父が、勉強を優先させるため寮を出ることに賛成してくれると考えていました。しかし、そこで父からかけられた言葉は予想外のものでした。

「勉強も大事だけど、友達づくりも同じくらい大事なことだと思う。勉強というのは自分のやる気次第で、取り戻すことができる。たとえ今、できなかったとしても、後でやり直すことができる。でも、友達は取り戻せない。

A君は自分から心を開いて『一緒に遊ぼう』と歩み寄ってくれているんだよね。そんな友達の存在は貴重だよ。友達をつくるのは決して簡単なことじゃないんだから。

もしも寮を出たおかげで勉強できて一番になれたとしても、そのことを一緒に喜んでくれる友達はいないかもしれない。それより、たとえ成績が下がっても、喜びを分ち合える友達がいるほうがいいんじゃないか。そんな人生のほうがいいんじゃないかな」。

これは、振り返ってみると、父が私にしてくれたアドバイスの中で最もありがたいアドバイスでした。

このことがきっかけで私は、人間関係に対する考え方をアップデートすることができました。勉強はもちろん大切です。子供にとって最優先すべきことだと考える人もいることでしょう。

しかし友達もまた、人生を豊かにする上でなくてはならないものです。しかも勉強とは違い、機会を失ってしまえば取り戻せない可能性があるものです。子供たちにはぜひ、友達をつくることのすばらしさを伝えてほしいと思います。

ちなみに私は、人と積極的に関わりたくさんの友達をつくる中で、かけがえのないものを得てきたと感じています。仲間と力を合わせて目標を達成するときの充実感、勉強をした後のオフの時間を一緒に満喫する楽しさなど、ひとりでは味わえない幸せを知りました。

こうした経験が、現在の仕事の中でも存分に生かされていることを実感しています。友達との時間はこのように、いつまでも人生の支えになるものなのです。

やってみよう

勉強に取り組めるようアドバイスしながら、友達との関係も大切にするよう伝える

人生において友達は、かけがえのない存在です。勉強のためとは言え、縁を切らせることは避け、友達との時間を大切にさせてあげたいですね。

どっち？　その8

学校で友達ができず、ひとりで過ごしているみたい

□

友達のつくり方をアドバイスする

□

「ひとりで過ごすのも悪くない」と伝える

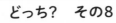

子供同士はすぐに仲よくなれる。そんな思い込みをする大人がいます。しかし、大人と同じく子供にも、一人ひとり個性があります。誰とでもすぐに仲よくなって会話を楽しめる子供もいれば、引っ込み思案で人に話しかけるのが苦手な子供もいます。

もしも我が子が、学校で友達をつくることができず、ずっとひとりで過ごしていると知ったら、どうすればいいのでしょうか。

そんな場合はまず、友達のつくり方をアドバイスするといいかもしれません。クラスの全員と友達になる必要はありません。まずはひとりでいい。仲よく過ごせる友達ができれば、きっと気分が変わるはずだからです。

ですから1つ目のアドバイスは、隣の席など近くにいる人に話しかけてみること。とは言え、子供にも相性がありますから、誰とでも仲よくなれるわけではありません。隣の人と仲よくなれそうにないのなら、違う人に話しかけてみるといいでしょう。

誰とでも仲よくなれたり、たくさんの人と仲よくなれたりするのは、もちろんすばらしいことです。しかし必ずしも子供に、それを求める必要はありません。人間関係の築き方は人それぞれなのですから。

もしも子供が「相手に話しかける方法がわからない」と困っているのなら、その方法についてもアドバイスをすると、突破口が開けることがあります。

話しかけるコツの一つは、相手との共通点を見つけること。たとえば、自分が好きなキャラクターのグッズを相手も持っている場合は、「私もそのキャラクター好きなんだよね」と話しかけてみる。すると、キャラクターの話題で盛り上がるうちに仲よくなれるかもしれません。

その他には、相手にちょっとしたお願いをしてみるという方法もあります。「消しゴムを落としてしまったんだけど、拾ってくれる?」「その鉛筆、かわいいね。ちょっと見せて」というような、ささやかなお願いごとをしてみる。そうしたやりとりが会話の糸口になって、仲よくなれることもあるでしょう。

就学前にはそれなりに友達がいた子供でも、知らない人ばかりの環境でゼロから人間関係を築くとなると、難しい場合があります。大人と同じですね。そんなときは、あまり深刻になりすぎず、実践しやすいアドバイスで背中を押してあげると前に進みやすくなるはずです。


中には、無理に友達をつくるよりもひとりで過ごしたいという子供もいるかもしれません。もちろんその考えも尊重すべきものだとは思いますが、できれば一度は、友達をつくるチャレンジをしてみてほしいというのが私の考えです。

小学生になると、これまでよりも格段にステップアップした人間関係を築けるようになります。相手と協力して、一つのものをつくりあげる楽しさを感じられるのは、小学生頃から。これまでにはない人間関係の醍醐味を味わえるのが、この時期からなのです。

自分とは違った「得意」「不得意」や、「好き」「嫌い」を持った友達と、その違いを尊重しつつ協力したり分担したり……。そうやって生み出すものは、ひとりでつくりあげるものよりもずっと多彩で、たくさんの喜びや発見があります。

また、違いがあるからこそ助け合うこともできます。たとえば算数が苦手なら、算数を得意とする友達に教えてもらえばいい。その友達が苦手とする国語は、国語が得意な自分が教えればいい。それぞれの力を生かすことで、お互いが得意を伸ばし、不得意を克服することにつながります。自分だけなら1の力しか発揮できなくても、友達が加われば1+1=2以上のものを生み出すことができるのです。

やってみよう

友達のつくり方をアドバイスする

ちょっとしたきっかけさえあれば、相手と仲よくなれることがあります。友達になりたい人への話しかけ方などをアドバイスしてみるのもいいでしょう。

どっち？　その9

意地悪する子が同じクラスにいるみたい

□ 嫌なときには逃げることの大切さを教え、状況によっては親が先生に相談する

□ 悪いことをする子に立ち向かう勇気を持てるよう、子供を応援する

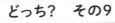

小学生になると、子供同士の力関係もはっきりとしてきます。また、就学前と比べると大人の目が届きにくくなるため、親が知らないところでいじめなどが起こることも増えてきます。そうした状況で、親は子供に対してどのようなサポートができるのでしょうか。

たとえば子供のノートに、知らない筆跡のいたずら書きがたくさん見つかったら、「意地悪のターゲットにされているのでは？」と心配になりますよね。そんなときはまず、本人の気持ちを聞いてみましょう。

いたずら書きの内容が、子供を明らかに傷つけるものであれば、親から先生に相談するなどして解決法を探る必要があります。しかしそうでない場合、子供は必ずしもそのいたずら書きをネガティブにとらえていません。場合によっては、遊びとしてポジティブに受け入れていることもあります。また、初めのうちは遊びのつもりだったけれど、徐々に嫌悪感を持つようになり、意地悪をされていると感じることもあります。その状況によって、また、子供の性格などによっても解釈は変わりますから、まず、どのように感じているのかを確かめましょう。

親の関わり方は、子供がどのように感じているのかによって変える必要があります。もしかすると、親が先生に相談するなど、大人が介入して解決に導く必要があるかもしれません。もしくは、子供自身で解決できるよう、状況を見ながら「『やめて』と伝える」「やられても受け流す」などの対処法をアドバイスすることが有効な場合もあります。

また、たとえ子供自身が被害を受けていなくても、クラス内に意地悪をされている人がいるというのも悩ましい状態です。そのうち自分も意地悪に巻き込まれるかもしれない。意地悪に加担しなければ、自分も被害を受けるかもしれない。そんな心配をする子供もいます。

そうした場合は、「逃げる」という選択を教えることも大切です。

意地悪する子を改心させ、クラス内を平和にするという難題を、子供ひとりで抱えるには無理があります。正義感を持って行動するのはすばらしいことですが、その結果、今度は子供自身がターゲットにされ追い込まれる可能性もあります。

ただし、どのような状況であっても、意地悪に加担して誰かを傷つけることは許されません。もっとも、相手の気持ちを思いやり人の痛みを想像できる子供なら、そして、自分自身が愛され大切にされてきた自覚を持つ子供なら、意地悪に加わるという選択はしようとしないはずですが……。

もしも子供が、加害側のメンバーから「一緒に意地悪をしよう」とけしかけられているのなら、その場から逃げることを教えてあげましょう。逃げるときの理由は、その状況によって変わります。「そういうこと（意地悪）はしたくないから……」と言って、意地悪の輪から抜け出るのも一つの方法です。ストレートに伝えにくい場合は、「用事を思い出したから帰るね」などと濁して逃げてもいいかもしれません。とにかく、その輪から立ち去るのです。

立ち去ることなく輪の中にいれば、たとえ実行犯ではなかったとしても共犯者です。その場にいるメンバーはもちろん、親や先生、友達などからも、意地悪に同意したと見なされることになります。

その場から逃げるという行為によって、被害者を救い出せない罪悪感を持つこともあるかもしれません。しかし、解決する力が未熟な子供のうちは、逃げるのに精一杯でも仕方がありません。自分だけでなんとかしようとせず、親や先生など大人の力を借りてもいいのだと教えましょう。いざというときのためにそうした道筋を示しておけば、子供が困ったときに助けを求めてくれるかもしれません。

やってみよう

嫌なときには逃げることの大切さを教え、状況によっては親が先生に相談する

子供だけでは解決が難しい問題もあります。まず大切なのは、加害者にならないこと。そのために「逃げる」という選択を教えましょう。そして大人に相談するよう伝えるのです。

どっち？　その10

友達に貸したゲームを返してもらえないことが多いみたい

□ 貸し借りをするときに、返却期限を相手と約束して記録しておく

□ トラブルを避けるため、返してほしいものは貸さないようにする

貸し借りのトラブルは、大人でも頭を悩ませる難しい問題ですよね。そこでおすすめしたいのは「貸すときには相手との約束を記録する」と言うことです。

自分の大切な持ちものを貸したのに、なかなか返ってこなければ心配になります。早く取り戻したいと思っても、「返してほしい」を言いにくい子供もいるでしょう。相手に「返してほしい」と言ったのに、応じてもらえず困っている子供もいるでしょう。中には相手に「借りていない」「なくしてしまった」などと言われ、途方にくれている子供もいるかもしれません。そうしたすべてのケースに有効なのが「貸すときに相手との約束を記録する」という方法です。

貸し借りは、約束を守り信頼し合える関係でなければ成立しない高度なコミュニケーションです。それを、あやふやな口約束だけでなんとなく実践するのは大変なこと。それゆえ大人になっても、貸し借りのトラブルが絶えない人もいます。

だからこそ貸すときには、「いつまでに返してもらうのか」を明確にし、相手と共有しておけば安心です。おおげさなシステムにすると手続きも面倒ですし、相手に不信感を持っているように思われかねませんから「何を貸すのか」と「返してもらう日」を自分でメモし、相手にはサインをしてもらう程度にすれば実践しやすいでしょう。

私が仕事をしている社長室には、図書室のようにたくさんの本があります。そしてスタッフから、本を貸してほしいと言われることがあります。

しかし私は、本を貸す機会も多いですし、全国を飛びまわりながら忙しくしていますから、一つひとつの貸し借りをきちんと把握できません。気がついたら、どの本をいつ誰に貸したのかを忘れ、その上相手も、借りたことをすっかり忘れているということがありました。

もしもそれが、「返ってこなくてもいい」と思っているものであれば問題ありませんが、大切な持ちものであれば困ってしまいます。借りたほうが困ることはありませんが、貸したほうが困ります。最悪の場合、大切な所有物を失うことになります。

だからこそ、記録を残しておくのです。

図書館で本を借りるときには「誰がどの本を借りていつまでに返すのか」が記録されますよね。それと同じです。

たとえ貸し借りしたことを忘れてしまっても、記録があれば、その記憶をたどることができます。返却期限になっても返ってこなければ「そろそろ返してくれる?」と催促もしやすいでしょう。万が一、相手から「借りていない」「なくしてしまった」などと言われても、その記録をもって大人に相談すれば、泣き寝入りもせずにすみます。

中には、「早く返してほしい」という催促が苦手な子供もいるかもしれません。そんな場合は、相手が返却を思い出すよう促したり、「返してほしい理由」を伝えたりする方法がおすすめです。たとえば「貸している本、もう読んだ？　おもしろかった？」「私も使いたいから、そろそろ返してくれる？」などと伝えてみてはいかがでしょうか。こうした形であれば、互いに心理的な負担が少ないですし、信頼関係を保ったままやりとりができます。

返却期限を過ぎてから相手に「もっと長く貸してほしい」と言われたけれど、自分も使いたいから困っている。そんなときには、一旦返してもらって自分が使い、そのあと再度、貸し借りの約束をして記録するのもいいかもしれません。貸す側の負担が少なく、互いの信頼関係を保ってやりとりできる方法を模索してみるといいでしょう。

やってみよう

貸し借りをするときに、返却期限を相手と約束して記録しておく

貸し借りは、相手との信頼関係の上に成り立つ高度なコミュニケーションです。大切な持ちものを失ったり、貸した相手との信頼関係が崩れたりしないためにも、貸し借りの記録をつけておくと安心です。

どっち？　その11

大好きなサッカークラブをやめたいそう。理由を聞くと、仲間外れにされているみたい

□ 子供の意思を尊重して、やめたい場合は無理をさせない

□ 仲間外れがなくなるよう、大人が介入して解決へと導く

仲間外れにされてつらいから、大好きだったサッカーをやめたいと思っている。子供からそんな話を聞かされたら、親はどのような対応をすればいいのでしょうか。私はこうした場合、重要なのは、子供の意思を尊重することだと考えています。

「やめたい」と言うなら、やめさせる。「続けてみる」と言うなら、続けさせる。近くで見守ってきた親にしてみれば、いろいろと思うことはあるかもしれません。しかし小学生にもなれば、親の目が届かないところで複雑な人間関係が展開されていることがあります。

10歳以上になれば、なおさらです。子供は、親とは違った価値観を持ち、自らが置かれた世界で懸命に生きています。困ったことがあったからと言って、すぐに親が手を差し伸べる時期ではないのです。

我が子が仲間外れにされている。しかも、我が子に落ち度があるわけではなく、悪いのは他の子供たち。それなのになぜ、被害者である我が子が、大好きなサッカーをやめなければならないのだろう。

理不尽な状況を聞けば聞くほど、釈然としない気持ちはわかります。なんとか仲間外れをやめさせて、大好きなサッカーを続けさせてあげたいと思いますよね。

しかし、だからと言って親が出しゃばるのは得策ではありません。

みんなの輪に入れるよう子供にアドバイスをしたり、仲間外れに屈しない強い気持ちを持てるように励ましたり、子供たちの仲を取り持つべく親同士で話し合いをしたり……。こうした対応は、低学年の頃ならある程度は有効かもしれませんが、特に10歳を過ぎた子供にとっては役立つとは限りません。なぜなら、親の力を借りることで一時的には関係が修復したとしても、わだかまりが残る可能性も大きいからです。

ただし例外として、子供たちが属しているチームのコーチなど、彼らを統括する立場の大人がいる場合は、その人に相談してみるのも一つの手です。

この件において親は、単なる部外者でしかありません。しかしコーチであれば、話は違います。もちろん、コーチがどのような人物なのかにもよりますが、子供たちを取りまとめよい方向へと導くコーチの言葉であれば、仲間外れの当事者たちも耳を傾けることでしょう。場合によっては気持ちを改め、人間関係を修復することもあるはずです。

しかし、あくまでも状況によりますから、コーチに相談するかどうかも含め、子供本人の意思を尊重したほうがいいでしょう。

仲間外れにされた子供は、大好きだったサッカーをやめたいと思うほどに傷ついています。

そして、仲間外れに耐え続けたり、親などの介入などによってさらに関係がこじれたりすれば、その傷が大きくなることも考えられます。心の傷は、その後の人生に大きな影を落とすかもしれません。無理をさせ過ぎず、ときには休んだり逃げたりすることも必要なのです。

仲間外れにされた子供は、自分に原因があるのではないかと苦しむこともあります。「仲間外れにされるほうにも原因がある」と言われることも、あるかもしれません。しかし、落ち度があるのは大抵の場合、加害をしている側です。よくあるケースとしては、親からの愛情を十分に感じられないことによる飢餓感が、愛情に満たされたように見える身近な人をターゲットにしてしまうというものがあります。もしも子供が、仲間外れにされたことにより自責感情を持っているのなら、そのように説明してあげるといいかもしれません。どのような状況があったとしても、被害を受けた子供の責任ではないのです。

やってみよう

子供の意思を尊重して、やめたい場合は無理をさせない

小学生になれば、親の目が届かないところで複雑な人間関係が展開されていることがあります。そして子供は、親とは違った価値観を持ち、自らが置かれた世界で懸命に生きています。困ったことがあるからと言って、すぐに親が手を差し伸べるのは控えたほうがいいでしょう。

どっち？　その12

乱暴な言葉で友達を傷つけてしまったみたい

□

問題行動の原因は、親の愛情不足のせいかも。まずは親が、子供への愛情表現を見直す

□

二度と繰り返さないよう、厳しい態度で叱って反省させる

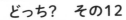

誰かを傷つける。それは、どのような事情があったとしても許されることではありません。子供が誰かを傷つけてしまったと知ったとき、親はどのように対応すればいいのでしょうか。

「厳しい態度で叱らなければならない」と覚悟を決める人もいることでしょう。そんな行動をとってしまった理由を聞くことも必要かもしれません。

しかしそれよりも先に、親がしなければならないことがあります。それは、親であるあなたの愛情が、しっかりと子供に伝わっているかどうかを振り返ることです。


親の愛情を十分に感じていない子供は、満たされない思いを抱えています。

そんなとき、目の前にいるクラスメイトが、溢れんばかりの親の愛情を受けて幸せそうにしていたら……。あまり快くは思えないかもしれませんね。「うらやましい」と思う子供もいれば、「腹が立つ」と感じる子供もいるでしょう。そうした心の状態が、何かの拍子に相手を傷つける行動につながることがあるのです。

子供の問題行動には様々なものがありますが、多くのケースにおいて、その根底には「親の愛情を受け取れていない」という状況があります。

それは必ずしも、愛情不足というわけではありません。親が十分に子供への愛情を持っていることもあります。ただ、子供がそれを実感していないのです。

子供が問題行動を起こすと、強く叱ったり罰を与えたり、無理やり環境を変えさせたりすることで解決しようとする人がいます。しかしそれでは、根本解決になりません。もちろん一時的には、問題行動が収まることもあるかもしれません。ただし、表層をつくろっているだけですから、いつかは再発するかもしれませんし、何より、子供自身が心に飢餓感を持ち続けてしまいます。

ですからまずは、親が我が身を振り返ること。子供の行動ばかりに目を向けるのではなく、親が自らの愛情表現に矛先を向け、改善することで、解決方法を探っていくのです。

具体的には、一緒に入浴をするときや就寝をするときなど、子供との距離が縮まるタイミングで対話の時間をとるといいでしょう。そして、子供の問題行動を責めるよりも先に、じっと目を見て「あなたのことが大切だよ」と伝えるのです。

「あなたのことを大切に思っている。それと同じようにきっと、あなたが傷つけてしまった子の親も、その子のことを大切に思っている。

もしもあなたが誰かに傷つけられたとしたら、あなたのことを大切に思っている私は、とても悲しいと思う。あなたは、どう思う?」

そんなふうにして自省を込めて子供への愛情を伝え、それと同時に、子供自身の思いを聞いてみてください。もしもそのとき、子供がしっかりとあなたの愛情を受け取っていれば、傷つけてしまった相手を思いやることもできるはずです。

親の愛情でわが子の心が満たされるように、気持ちを表現し続けていくこと。それこそが何よりの、問題行動の再発防止策になります。

愛情表現といっても、特別なことをする必要はありません。子供の話をじっくりと聞いたり、本の読み聞かせをしたり、子供の希望を叶えたりする中で、子供は愛情を受け取ってくれます。日々少しずつでも構いません。子供とともに過ごす時間を親が大切に過ごしてください。そうすれば、愛情で満たされ、人を思いやる気持ちを持てるようになるはずなのです。

\ やってみよう /

問題行動の原因は、親の愛情不足のせいかも。まずは親が、子供への愛情表現を見直す

愛情不足による満たされない思いが、問題行動を引き起こしていることも。子供を叱ることよりも、愛情表現をすることが、再発防止につながる。

どっち？　その13

共働きなので学童保育に通ってほしいけれど、行きたくないみたい

□
親は仕事があるから仕方がない。「たとえ嫌でもやるしかない」という現実の厳しさを伝える

□
学童保育に行ってほしいというのは親の都合。その事情をごまかさずに説明する

共働き家庭が多くなった影響で、学童保育（放課後児童クラブ）を利用する子供が増えました。厚生労働省の調査によると、２０２０年の登録児童数は約１３１万人、10年前と比べると6割も増加しており、３年生の４人に１人が利用しているといいます。

親が不在のときに、子供だけで留守番をさせるのは不安。そんなふうに感じるときには、学童保育に行ってほしいですね。しかし当然ながら、子供自身が「行きたくない」と感じることもあるでしょう。

有無を言わさず、行ってもらうしかない。親がそう思う気持ちもわかります。しかし、子供には子供の言い分があるはずです。まずは、理由をたずねてみましょう。

「学童保育の雰囲気に慣れないから」「気が合う友達がいないから」といった理由で、行きたくないと感じていることもあります。そんな場合は、友達がひとりできれば気分が変わる可能性もありますから、46ページでご紹介したように友達づくりの後押しをしてみるのも、一つの方法です。仲間ができればそのうち、学童保育での時間を楽しめるようになるかもしれません。

そうした方法で解決できる場合はいいのですが、必ずうまくいくとは限りません。子供一人ひとりがそれぞれの理由を抱えていますから、状況によっては学童保育をやめるという選択をしなければならないケースもあるでしょう。子供の話をしっかりと聞いて判断するしかないのです。

「行きたくなくても、学童保育に行かなければならない」。親にそう言われたとき、子供が納得しにくい理由として考えられるのは「(学童保育に) 行かなくてもいい人もいるのに、なぜ自分は行かなければならないの?」と言うことです。

学童保育の利用が増えてきたとは言え、今のところまだ少数派です。同じクラスの友達の中には、学校が終わればまっすぐに家に帰り、家族と過ごしている人もいるでしょう。自分も同じようにしたいと思ったとしても、無理はありません。

一つひとつの家庭には、それぞれの事情があります。自分の家庭にはないものが、他人の家庭にはある。小学生になるとそうした不平等感に気が付き、モヤモヤした気持ちを抱えるようにもなるのです。

そんな気持ちを子供から打ち明けられたときは、心を込めて謝りましょう。もちろん、親であるあなたは悪くありません。共働きであることも、子供を学童保育に通わせることも、当然ながら悪いことではないのですから。

ただしそれは、あくまでも大人の事情であり子供には関係ありません。親の都合によって子供に苦労をさせているのなら、申し訳ないという気持ちを伝えてほしいと思います。

その上で、親が抱えている事情をていねいに説明しましょう。なぜ、学童保育に行ってほしいのか。行かなければ、どうなるのか。たとえば、そのために親が仕事をやめるとどうなるのかなどを、ごまかさずに説明するのです。

そのときにはぜひ、子供を大切に思う気持ちも忘れずに伝えてください。大好きなわが子の思いは叶えてあげたい。しかし、それを叶えられない事情がある。そうした現実を理解すれば、子供はきっと納得してくれるはずです。

その後は、できる範囲で少しでも子供の希望を叶えてあげられるといいでしょう。親としては「子供は学童保育に行く」という点は譲れない。でも、お迎えの時間を少し早めることならできる。月曜日だけは学童保育でなく、ピアノ教室に行かせてあげることならできる。

そんなふうに少しでも歩み寄ることができれば、子供は親からの愛情を感じ取り、互いに思いやり助け合う関係を築いていけるはずです。

やってみよう

学童保育に行ってほしいというのは親の都合。その事情をごまかさずに説明する

(学童保育に)行っていない友達もいるのに、自分は行かなければならない。その違いにモヤモヤしているのかもしれません。家庭にはそれぞれ事情があります。真摯に説明して、なぜ学童保育に行く必要があるのかを伝えてみましょう。

どっち？　その14

「ひとりで留守番できる」と言い張るけれど、させてもいい？

□ 留守中に危険な目に遭うと取り返しがつかないことも。小学生の間はひとりで留守番させない

□ 安全に留守番ができるかどうか、テストをしてから判断する

子供ひとりで留守番をさせる。初めのうちは、心配ですよね。子供の留守中を狙った犯罪も起きている。急に体調が悪くなることもあるかもしれない。地震や火災などが発生したらどうしよう……。考え出すと、きりがありません。

ひとりでの留守番に何歳からOKを出すのか。それは、とても難しい問題です。地域によっても、子供の能力や性格によっても変わりますから、一概に判断はできません。

そこでおすすめしたいのは、まずはトライアルをすることです。親が一緒に家にいるときに、子供がひとりで留守番をしているという設定で過ごしてみる。そのとき、想定される様々なシーンを予行演習してみるのです。

どんなふうに戸締りをするのか。インターホンが鳴ったらどうするのか。病気や火事など緊急の場合はどんなふうに連絡するのか。おなかがすいたときはどうするのか……。

まずは、そうしたシーンでの対応の仕方を事前に教えます。そして、すべてを問題なくクリアできるとわかれば、留守番デビューを認めてもいいでしょう。子供自身に、安全な留守番ができる実力が備わっているかどうかを判断基準にするのです。

ひとりで留守番をするときには、ルールを決めておくといいでしょう。

家庭によっても、子供の年齢などによっても、そのルールは変わりますが、家からは出ない（もしくは、外出するときには外出先と帰宅時間を親に連絡する）、友達を家に呼ばない（もしくは、家に呼ぶときには事前に親に連絡する）、火を使って料理をしない、インターホンが鳴ったりドアの外から声を掛けられたりしても対応しない……などのルールを設定しているケースが多いようです。

留守中に何をする予定なのかを共有しておくのもいいでしょう。宿題やゲーム、友達との遊びなど、あらかじめ留守中の過ごし方がわかっていれば心配が少なくなります。

子供に対する心配は尽きないものです。

留守番に限らず、ひとりでの外出やおつかいにしてもそうですが、親がいないところで危険な目に遭うリスクがあることというのは、挑戦させるかどうかの判断が難しいですよね。

しかしだからと言って、いつまでも躊躇しているわけにはいきません。

子供の安全を配慮するあまり、留守番もできないまま中学生になるのは考えものです。リスクは回避できますが、そうして安全ばかりを追求していると、留守番すらできないまま大人になってしまうかもしれません。

子供は、経験を通して成長していきます。だからこそ親も腹をくくって、どこかでチャレンジをさせなければならないのです。

もしも子供が「ひとりで留守番をしたい」と言っているのなら、たとえ心配でも、実現できるように後押しをしてあげてください。子供の手を離して挑戦させる。そして、安全にやり遂げられるよう、目は離さずに見守るのです。

ひとりで留守番ができるようになれば、子供には自信もつくでしょう。そうして次第に、頼もしい存在になっていきます。留守中に宅急便を受け取ってくれたり、夕食を用意してくれたりと、親を助けてくれるようになるかもしれませんね。

やってみよう

安全に留守番ができるかどうか、テストをしてから判断する

危険な目に遭うリスクがあるものは、挑戦させていいものか判断が難しいですよね。そんなときは、安全に成し遂げられるかどうかをテストしてみるといいでしょう。その上で大丈夫だと思えたらＯＫを出すのです。安全のためのルールづくりをしておくのもおすすめです。

どっち？　その15

子供だけでゲームセンターに行きたがる

□

危険な目に遭うリスクが高いため、小学生の間は例外なく禁止にする

□

親の許可がある安全性が高い場所に限り、危機回避のための情報を伝えた上でＯＫを出す

ゲームセンターは、刺激的な体験を求める子供たちにとって魅力的な場所でしょう。そうした場所に子供だけで行ってみたいと思うのは、成長の証でもあります。

しかし多くのゲームセンターには、危険な目に遭うリスクが潜んでいます。とは言え、ここでおすすめしたいのは、リスクをおそれて例外なく禁止することではありません。できることなら、「やってみたい」と言う子供の気持ちを大切にしたい。だからこそ親におすすめしたいのは、安全性が高い場所であることを確認した上で、危機回避のための情報をしっかりと伝えて送り出すことです。

ゲームセンターといっても、様々なタイプのものがあります。親が事前に訪れてみてOKだと思える場所なら、許可してもいいのではないでしょうか。

たとえば、いつも賑わっているショッピングセンターの一角にあり、常に多くの大人の目があるような場所であれば、安全性はやや高いと言えるかもしれません。自宅の近くにあって顔見知りの人も行き来している場所なら、さらに安心です。

それでももちろん、危険な目に遭うリスクはあります。これはゲームセンターに限った話ではありませんが、そこで出会った人たちから、非行や犯罪に誘われる可能性もあります。一概には言えませんが、それまで遊び場にしてきた同級生の自宅や公園といった場所と比べると、そうしたリスクが高い場所であることは事実でしょう。

私はライオンズクラブの活動の一環で、薬物乱用防止教室の講師として小中学校で指導をしています。そこで子供たちに伝えるのは、薬物などによって一度でも足を踏み外すと、人生を大きく狂わされることがあるという恐ろしい現実です。

薬物を手にする機会は、さりげなく近付いてきます。たとえば、ゲームセンターで仲よくなった少し年上の友達から、ラムネの粒にしか見えない錠剤を渡され、「これを飲めば頭がスッキリするから、勉強するのがラクになるよ」と言われたら、危険を察知することができるでしょうか。甘い誘惑を前にして手を出さずにいることができるでしょうか。「1回くらいなら大丈夫だろう」と思うかもしれません。しかし、たとえ1回でも、それは「乱用」になります。

薬物依存になると、不安や被害妄想などの症状があらわれ、幻覚や妄想によって重大犯罪を引き起こす人もいます。さらなる薬物を求めて、無理な借金や窃盗、詐欺などの道に足を踏み入れる人もいます。

また、薬物の乱用は脳を傷つけます。脳が成長を続けている小学生時代に薬物に染まると、脳にも悪影響を及ぼすことになるのです。その結果、感情のコントロールが難しくなり、意欲がなくなったり怒りっぽくなったりと、様々な弊害が起こります。

それが故意かどうかにかかわらず、薬物を乱用することは、子供本人の人生、ひいては子供の周囲の人たちの人生までをも壊すことになりかねないのです。

ゲームセンターに行きたいという子供に、薬物などの恐怖を伝えるのは、おおげさだと思われるかもしれません。しかし人生は、ほんのわずかなきっかけで暗転することがあります。

親の目が届かない場所、さらには危険な目に遭うリスクがある場所に子供だけで行くときには、このような現実をしっかりと伝えておきましょう。そうした経験を積み重ねる中で、子供は、親から離れたところでも危機回避ができるようになっていくのです。

やってみよう

親の許可がある安全性が高い場所に限り、危機回避のための情報を伝えた上でOKを出す

ゲームセンターなどは一般的に危険性が高いと言われていますが、親が安全性を確認した場所であれば許可してもいいかもしれません。ただし、薬物を始めとする危機から回避するための情報を十分に伝えた上で、OKかどうかを判断しましょう。

どっち？　その16

遊びに夢中になって、約束の帰宅時間を守れない

□

約束の帰宅時間を守れなかった場合のリスクと、その約束を守ることの重要性を説明する

□

「1週間は遊びにいくことを禁じる」などのペナルティを設け、帰宅時間を守らせる

一つのことに夢中になると、時間を忘れてしまう。小学生の子供には、よくあることです。

遊びに行った子供が、夜になっても帰宅しないのは気がかりです。事故や事件に巻き込まれる可能性もありますから、子供の年齢や成長度合いに合わせて門限を設け、確実に帰宅させたいところです。

とは言え子供は、夢中になって門限を破ってしまうこともあるでしょう。そんなとき、親はどうすればいいのでしょうか。危険な目に遭うリスクもありますから、厳しく対応するべきだと考える人もいるかもしれません。「1週間後まで遊びに行くのは禁止」などと、ペナルティを与える家庭もあるようです。

そのような罰則が功を奏し、子供が門限を守るようになることもあるかもしれません。しかし、そのとき子供はただ罰則を避けたい一心で、門限を守ることの意味を正しく理解していない可能性があります。

門限に限らずどのような約束においてもそうですが、「叱られたくないから守る」のではなく、「その意味を理解した上で自分の意思によって守る」ようにならなければ、不満を持ち続けることになりますし、約束の根底にある本来の目的が置き去りにされてしまいます。

だからこそ子供がきちんと理解できるまで、その約束について説明する必要があります。約束の帰宅時間を過ぎて外は真っ暗になっているのに、子供が帰ってこない。そのような場合は事件や事故の可能性もありますから、親は心配します。大切な子供を守るため、場合によっては捜索に出かけたり、学校や友達、警察などに連絡をしたりと対応をする必要もあります。子供自身、そんな目には遭いたくないでしょう。

だからこそ、約束を守ってほしいのです。

危険な目に遭うリスクがなかったとしても、時間の約束を守ることは重要です。私たちは、時間という共通のものさしを持って社会生活をしています。そして、そのものさしを使って約束をし、それを守ることで互いの時間を尊重し合いながら過ごしています。

たとえば、バス遠足の日に「8時に集合する」という約束があったとします。しかし、友達のひとりがその約束を守れなかったせいでバスが出発できません。バス遠足を楽しみにしていたあなたは、とても残念な気持ちになるのではないでしょうか。

私たちは時間の約束を守ることで、互いの時間を大切にしながら共存することができます。あなたが時間の約束を守らなければ、誰かがその影響を受ける。そうした因果関係を理解できれば、時間を守ることへの意識も高まっていくことでしょう。

時間を忘れるほど夢中になれることがあるのは、すばらしいことです。しかしそんなときでも、大切な約束は守らなければなりません。

そこでまず重要なのは、「この時間は守らなければならない」という強い意志を持つこと。

普段の朝にはなかなか起きてこない子供が、「明日は遊園地に行くから6時に起きようね」と言ったところ、目覚まし時計が鳴る前に起きてくる。それは、「この時間を絶対に守る」という強固な意志があるからです。帰宅時間についてもそんなふうに強く意識していれば、たとえ楽しい遊びの途中であっても気がついて、約束を守れるはずなのです。

時間の約束を守れないときは、まずは、その約束の意味について子供が理解できるまで話し合えるといいですね。

やってみよう

約束の帰宅時間を守れなかった場合のリスクと、その約束を守ることの重要性を説明する

なぜ約束を守らなければならないのか。その理由を理解し、「この時間を必ず守る」という強い意志を持てば、子供の行動は変わっていくはず。約束を守ることの意味について、子供の理解を促しましょう。

どっち？　その17

「みんなが持っているから スマホを買ってほしい」と 言われた

□ 安全性が高いキッズケータイなら可。スマホはネットリテラシーが高まる中学生以降にする

□ 友達との話題についていけるようスマホを持たせ、トラブルがあれば早めに親が介入する

スマホを始めとするデジタルツールを使いこなす力は、これからの時代を生きる上で欠かせないものとなるでしょう。しかし、「スマホを持ちたい」と言う子供の希望を叶えるべきかどうかは、迷う親御さんも多いのではないでしょうか。

いろいろな意見があることと思いますが、私は、スマホに起因する様々なトラブルを避けるためにも、ネットリテラシーがしっかりと身につく中学生くらいまでは、スマホを持たせないほうがいいと考えています。そのかわり、子供の安全性を配慮したキッズケータイであれば、ある程度は安心して持たせられるというのが私の考えです。

子供がスマホを持ちたいと思ったとき、親に訴えかける内容として多いのは「みんなも持っているからほしい」と言うものではないでしょうか。

2022年、関東1都6県で行われたモバイル社会研究所の調査によると、5年生では、スマホかキッズケータイいずれかの所有率は57%。内訳としては、スマホ35%、キッズケータイ22%です。6年生については、全体の所有率が64%、そのうちスマホが52%、キッズケータイが12%となっています。

こうした所有率は、地域によっても学校によっても差があることと思います。しかし現状として、多くの地域においてそれなりに、スマホを持っている子供もいるというのが事実なのでしょう。

仲のいい友達がスマホを持っていれば、共通のツールを所有してコミュニケーションをとりたいという気持ちもわかります。しかしスマホを使用すれば、あらゆるリスクが考えられます。

まず、通信費がふくれあがるリスクがあります。その支払いをするのは、子供本人ではなく親です。おそらく、自分のお小遣いでやりくりできる額ではないでしょう。そうした状況である以上、「友達が持っているから」という理由だけで自由に使わせるわけにはいきません。

もしもスマホを持つことになった場合は、お金についての取り決めを子供と交わしておいたほうがいいでしょう。たとえば、「スマホの通信費は月2000円まで。それ以上は追加費用がかからないプランを契約するよ。スマホ代がかかるから、お小遣いは減らして月500円にするよ」といった具合です。

また、トラブルに巻き込まれないようネットリテラシーを高める必要もあります。これはスマホに限らず、パソコンやタブレットなどすべてのデジタルツールに言えることですが、不特定多数の人が目にする場では、自分の名前や住所といった個人情報を公開しないこと。写真をアップすることも、控えたほうがいいでしょう。ネット上では、わずかな情報からその人の居住地や名前などを特定することも可能になっているからです。その情報を目にする人が、悪い人ばかりだとは限りません。しかし、ネットを利用して子供を狙う悪質な人もいるのは事実です。子供には想像が難しいかもしれませんが、そうした人から被害を受けないためにも、自己防衛策を徹底してほしいと思います。

スマホを始めとするデジタルツールは、日々進化しています。子供とデジタルツールとの関係も、時代とともに次々とアップデートされていくことでしょう。

そうした背景もあり、ここでお伝えしたことは決して普遍的な内容ではありません。子供を取り巻く環境を見つめ、うつりゆく状況の中で最善だと感じた選択をしていくしかないのです。どんなときにも、子供の安全に配慮した選択を心掛けていただければ幸いです。

やってみよう

安全性が高いキッズケータイなら可。スマホはネットリテラシーが高まる中学生以降にする

その時々の状況によりますが、小学生のスマホ使用はあらゆる面において高リスク。できることならスマホの所持は、ネットリテラシーが高まる中学生頃からにしたいものです。

どっち？　その18

習いごとをあれもこれもとやりたがるのに、すぐにやめたがる

□

習いごとは3つ以内にして集中させる。一度始めた習いごとは1年以上続けるなどの約束を守らせる

□

可能な範囲でいろいろと挑戦させる。すぐにやめることが続く場合、次の習いごとを始めるまでお休み期間を設ける

習いごとをやってみたい。子供がそんな思いを持ったときには、ぜひ背中を押してあげたいものです。挑戦したいと思えるものが見つかるのは、親にとっても喜ばしいことですから。とは言え、手あたり次第に習ったあげく、すぐに「やめたい」と言うなら考えものですね。

しかし、だからと言ってペナルティとして習いたいものをやめさせたり、やめたがっているのに無理やり続けさせたりするのは避けたいところです。

習いごとをするためには、時間やお金や体力など、様々なリソースが必要です。そのため必ずしも、子供が望むすべての習いごとをさせてあげられるわけではないでしょう。どうしても無理なときには、その理由を説明して納得してもらうしかありません。

子供が習いごとを始めたいと思う理由は、様々です。すでに友達が習っていて、自分もやってみたくなったという場合もあれば、テレビや本、インターネットなどで情報を得て、憧れたという場合もあるでしょう。中には、友達から熱心に誘われて、さほど興味はないものの「付き合いでやってみよう」と思っているケースもあるかもしれません。

そして、どのような理由で始めたとしても、真剣に取り組むようになることもあれば、思いのほか早くやめたくなることもあります。大人だって同じですよね。

早々にやめたくなることを防ぐ策としては、習い始める前にできるだけ体験レッスンや見学などに参加して、習った後のイメージをしてみることが挙げられます。なんとなく習い始めるのではなく、「なぜ習いたいのか」を言葉にして伝えさせることも有効です。

親御さんの中には「友達が習っているから」「なんとなくかっこいいから」という理由で習わせることに、抵抗を持つ人もいます。しかし私は、その理由を決して悪いとは思いません。一緒に頑張ってみたいと思える友達がいるのは幸せなことですし、直感的な憧れから始めたことが将来の仕事につながったり、趣味になったりして、人生を豊かにしてくれたりするわけですから。

習いごとに限らずどんなことでもそうですが、子供がやってみたいと思っていることは、理由にかかわらず、いろいろと挑戦させてあげられるといいですね。

もしも子供が習いごとをやめたくなったときは、無理に続けさせる必要はないと思っています。やめたい理由をたずねてみて、たとえば「先生との相性が悪くて嫌になっているけれど、本当は続けたい」と言うなら、他の先生のレッスンに変更したり、同じことを習える他のスクールを探したりすれば、本人にとってよりよい環境で習い続けることができます。「友達に誘われて始めたけど、興味を持てないからやめたい」と言うなら、やめさせてもいいでしょう。

ただし、そんなふうにやめることばかりが続くなら、次の習いごとまでは少しお休みの期間を設け、子供自身に「本当に習いたいものは何なのか」を見つめ直させてみるといいでしょう。

これは習いごとではなく中学生の部活の話ですが、私の娘は友達から熱心に勧誘され、テニス部に入ったことがありました。しかし、そもそも本人がやりたかったことではないため、すぐに「やめてブラスバンド部に入りたい」と言い出したのです。

そのとき、「やめてから1か月は他のどの部活にも入らない」という条件を出しました。テニス部の入部にあたっては、テニスシューズやラケットなどの購入費用もかかっています。そうした投資をなんとも思わずにリセットすることを是としなかったのです。

結果として娘は、お休み期間を経て入部したブラスバンド部で、その活動をやり遂げることができました。それはもしかすると、お休み期間の効果もあったのかもしれません。

やってみよう

可能な範囲でいろいろと挑戦させる。すぐにやめることが続く場合、次の習いごとを始めるまでお休み期間を設ける

挑戦したい子供の気持ちをできるだけ後押し。やめたい気持ちも尊重しつつ、すぐにやめることが続く場合はお休み期間を設けて「本当に習いたいこと」を考えさせるのもおすすめです。

どっち？　その19

ママ友から子供をほめてもらったときに、気持ちよく返事をする方法は？

□

ほめ言葉は言葉半分に受け取り、人前では自分の子供をほめすぎない

□

ほめ言葉はありがたく素直に受け取った上で、相手の子供のこともほめる

大切なわが子のことをほめられるのは、うれしいものですよね。しかしそのとき、返事の仕方に迷う人もいるようです。

一緒になってわが子をほめていれば、謙虚さがないと思われるかもしれない。「お世辞で言っただけなのに調子に乗っている」なんて思われるかもしれない。かと言って、せっかくほめてくれているのにその言葉を受け取らずにいるのは、相手にも我が子にも申し訳ない気がする。そんな考えが脳裏を巡り、どんなリアクションをすればいいのかわからなくなってしまうのです。

そんなときに私がおすすめしたいのは、いただいたほめ言葉はありがたく受け取り、それと同時に、相手の子供もほめることです。

日本には謙遜の文化があります。その姿勢はときに美しいものですが、場合によっては大切なものを卑下し、傷つけてしまうことがあるので注意が必要です。

心を込めて選んだ素敵なプレゼントを「つまらないものですが……」と言って渡したり、愛する家族のことを人前で「愚妻」「愚息」などと言ったりする人がいます。家族のことをほめられても「たいしたことはありませんよ」と、貶める言い方をする人もいます。

しかし、たとえ謙遜だとわかっていても、そんなふうに貶められるのは気持ちのいいものではありません。

2018年に内閣府が、13~29歳を対象に「自分自身に満足しているか」を調査したところ、「そう思う」と答えた日本の若者はわずか10％ほど。これは、韓国、アメリカ、イギリス、ドイツ、フランス、スウェーデンと比べると3分の1以下の割合なのだそうです。「どちらかといえばそう思う」を含めると45％ほどになりますが、決して高い割合とはいえません。他の国では約80％の人たちがそう答えているからです。

さらに、「自分には長所がある」という問いに肯定的な答えをした人は、日本では60％ほどだったのに対し、韓国とスウェーデンでは70％以上、アメリカ、イギリス、ドイツ、フランスでは約90％にものぼりました。

ここから読み取れるのは、日本人の自己肯定感が極端に低いということ。そこには、日本人特有の謙遜の文化が少なからず影響していると思うのです。

子供たちにはぜひ、自分に自信を持ち、満足感を持って生きてもらいたいものです。だからこそ意識的に、わが子を卑下する言動は控えてください。ほめ言葉をかけてもらったときには、「ありがとうございます！」と素直に受け取りましょう。そして、「おたくの○○ちゃんこそ、運動会で大活躍していてすごいですね！　将来が楽しみですね！」というように、相手のいいところを見つけてほめ言葉を返すのです。

わが子を卑下することで相手を立てるのではなく、わが子も相手もほめてしまう。そうすれば、不快な気持ちになる人はいなくなります。こうした言動を積み重ねれば、少しずつ、日本の子供たちの自己肯定感が高まっていくのではないでしょうか。

また、親御さん自身もぜひ、わが子のいいところを見つけて素直にほめてほしいと思います。そうして親にほめられる経験が、子供の自信や自己肯定感につながっていきます。わが家では、子供が小学生の頃に「家族のよいところを3つずつ紙に書く」というゲームをしたことがあります。少し照れくさいですが、それぞれの魅力を認めて伝え合うというのは心に残る経験になります。ぜひ試してみてくださいね。

＼やってみよう／

ほめ言葉はありがたく素直に受け取った上で、相手の子供のこともほめる

ほめ言葉は素直に受け取りましょう。わが子を卑下することで相手を立てるのではなく、わが子も相手もほめるようにすれば、子供たちに自信が付き、自己肯定感も高まっていきます。

第2章 家庭のお悩み編

子供の成長は止まらない！
親のあるべき姿とは？

どっち？　その20

「おなかが痛い」と言っては、学校を休みたがる

□ 子供の言葉を信じて学校を休ませる

□ 嘘やサボりが癖になるのを避けるため、冷静に指摘した上で学校に行かせる

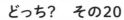

子供が体調不良を訴えている。心配ですね。

しかし、その訴えとは裏腹に子供が元気そうに見えるときは、どう対応すべきなのか迷う親御さんも多いのではないでしょうか。

「おなかが痛くて休みたい」と言っているけれど、顔色もいいし食欲もある。その上、こそとばかりにゲームばかりしている。そんな様子を目にすれば、「もしかすると、仮病かもしれない。嘘をついて休もうとしているのかもしれない」と疑いの気持ちが浮かび上がっても仕方ありません。

私の息子にも、そんな時期がありました。そこで私がとったのは「子供が言ったことを100％信じる」という行動です。

仮病なのではないかと、チラッと思わないでもなかったのですが、彼の体のことは彼にしかわからないから、信じてみようと思い、そう言ってきたときにはいつも、学校に連絡を入れ、希望通りに休みを取らせました。

それがすべての場合において正しい選択ではないかも知れません。しかしこうしたシーンでは、たとえそれが嘘であったとしても、子供を信じることが大事ではないかと思うのです。

ここで目を向けてほしいのは、「なぜ子供は休みたいと言ったのか」ということです。

様々なケースがあり一概には言えませんが、学校に行きたくない理由があることは確かです。友達との関係に悩んでいるのかもしれませんし、勉強が難しくてつらいのかもしれません。そういうときは子供なりに何らかのストレスを感じて回避したくなり、より安心できる家で過ごすことを選んでもおかしくありません。傍目には元気そうに見えても、本当に体調が優れない場合もあります。

そういう状況で「嘘をついてはダメ！」「怠けずに学校に行きなさい！」と親に叱られると、子供はどのような感情を持つでしょうか。自分の気持ちを汲んでもらえないだけでなく、嘘つきや怠けもののレッテルまで貼られてしまい、落胆するかもしれません。

大人と同じように子供だって、ときには逃げたくなる日もあります。その背景にあるのは、不安感です。何かに不安を感じているなら、仮病を使って回避しようとすることもあるのです。

だからこそ必要なのは、仮病を責めることによって子供の逃げ場をなくすことではなく、抱えている不安感をやわらげること。子供を信じて安心感を与え、回復へと向かわせることだと思うのです。ただし、休ませたなら、どこかに出かけることはもちろん、ゲームで遊んでいるというのはダメです。本を読ませるか、寝かせるか……。それが嫌なら、学校に行きたいと言い出すかも知れません。

たとえ親が、仮病や嘘を見抜いて厳しく叱ったとしても、それで状況が好転するとは限りません。もちろん一時的には、「親に言われた通りにしなければ」という気持ちが働き、仮病や嘘がなくなることもあるでしょう。しかしそれは、あくまでも表面的な変化です。大人も子供もそうですが、自らが腹の底から納得してないことを継続するのは難しいものです。子供自身が気付きを得なければ、根本的な解決にはつながらないのだと思います。

かつて何日も何日も学校を休んだ息子は、成人式を迎えたとき、私に手紙をくれました。

「これまで育ててくれて、ありがとう。それから『調子が悪いから学校を休みたい』と言ったときに、信じて休ませてくれてありがとう」

それを見て、「あぁ、あのとき、信じてよかった」と心から思いました。

やってみよう

子供の言葉を信じて学校を休ませる

「休みたい」と言う言葉の背景にある不安を汲み取って、子供の言葉を信じるのがおすすめです。「嘘つき」のレッテルを貼って責められると、子供は逃げ場をなくしてしまいます。まずは安心感を与え、自らの気付きによって行動が変化するのを待ちましょう。

どっち？　その21

子供の元気がない。悩みを聞き出したほうがいい？

□
「何があったの？」と歩み寄って話を聞き出し、解決のための手助けをして励ます

□
無理に話を聞き出そうとせず、受け身に徹して待つ

子供に元気がなくて心配だけど、自分からは何も話してくれない。さて、どうすればいいのでしょうか。もしも子供が9歳くらいまでであれば、「何があったの?」と歩み寄って話を聞き出すのもいいかもしれません。しかし10歳以降なら、無理に聞き出さないほうがいい場合もあります。

10代にもなれば「自分のことは自分でやりたい」という自立心が芽生えます。思い悩むことがあったとしても、親の力を借りることなく自分で解決したいと思うようになっていくのです。

ですから親は、子供に対して「心配だな」と思ったら、「相談したいことがあったら、いつでも言ってね」と声をかけ、それ以上は踏み込まずに待ちましょう。子供が自分から相談してこない限りは干渉せず、受け身に徹するのです。

そうすれば子供自身が、自分のタイミングで親に相談をしてくることがあります。もちろん、親の力は借りずに自力で解決に向かうこともあります。いずれにせよ親は、子供が自分のやり方で行動できるように応援しながら、必要なときにサポートできるよう見守ることが大切です。

悩みがあるかどうかにかかわらず「子供が話をしてくれない」というお悩みもよく聞きます。仲がいいお友達のこと、学校の勉強のこと、習いごとのこと……。日々のいろいろな出来事を、子供が自発的に話してくれるとうれしいですよね。

子供が話をしてくれない。その原因は、一体どこにあるのでしょうか。これはよくあるケースなのですが、子供に「『親に話してもわかってもらえない』と思われている」ということが考えられます。

お友達のA君とけんかをして困っているから誰かに相談したい。そのとき親が、A君のことを知らなければ「相談しても状況を理解してもらうのは難しい」と考えることと思います。しかし、自分のことを大切に思い、困ったときには力になってくれる親が、A君の存在をよく知っていたらどうでしょう。「親に助けを求めてみよう」と思いやすいはずです。そのためにも親は、子供から「会話が成立し得る相手」として認識してもらうことが重要なのです。


たとえばあなたは、子供が仲よくしているお友達5人の名前を知っているでしょうか。知らない場合は、子供があまり話をしてくれなくても仕方ないかもしれません。親しい友達の名前や性格、彼らとの関係などについて何も知らない相手には相談するのが大変ですから。

もちろん子供は10代にもなれば、親に何でも話してくれるわけではありません。そこで必要なのは、親自身が子供の情報を得ようと努力すること。

子供が少しでも友達の話をしてくれたら、質問をするなどしてより詳しく教えてもらいます。参観日や運動会などの学校行事があるときは、お友達のことや先生のこと、学校の授業のことなど、あらゆるポイントに関心を持って情報を取り入れるといいでしょう。

そうすれば、子供との会話の糸口も増えていきます。子供から話してくれなくても、親のほうから「お友達のB君は野球が上手なんだね」などと、話を振ることもできるでしょう。そうしたきっかけから話が広がっていくこともあります。

私は、息子があまり話をしてくれなくなった時期に、彼がピコピコ遊んでいたゲームについて話しかけたことがありました。昔、そのゲームで遊んだことがあったので、「そのゲーム、お父さんもよくやってたよ」と伝えたのです。すると、私に対する彼の言葉が急激に増えました。これは彼が私のことを「話せる相手」と認めてくれた証拠だったのではないかと思っています。

やってみよう

無理に話を聞き出そうとせず、受け身に徹して待つ

自立心が強くなってくる10歳以降は、たとえ子供が困っていても、親が手を出し過ぎないことが大切。親にできるのは、いざというときに子供が相談しやすいよう、日頃から子供の情報を得るなどして「話せる相手」として認識してもらうことです。

どっち？　その22

いつもぼんやりとしていて、指示をしないと行動できない

□ 親が口出しし過ぎずに、できるだけ見守るようにする

□ 「あれをしなさい」「これをしなさい」と具体的な指示を出して、早くできるように導く

子供の判断や行動を見ていると、もどかしく思うことがありますよね。忙しく過ごしている大人からしてみれば、「もっと早くしてほしい」とイライラすることもあるかもしれません。

しかし、できることなら親が口出しし過ぎずに、ゆっくりと見守ってほしいと思います。そうすることで子供は、自分の力で考え、行動する力を培うことができるからです。

とは言え私も、ひとり目の子育てのときにはなかなか、その考えに至ることができませんでした。マイペースな息子を前に「あれをしなさい」「これをしなさい」と急かしてばかり。彼はその指示にしぶしぶ従っていました。

私が指示をすれば、息子は言う通りに動くことができます。一見すると何の問題もないように見えますし、聞き分けのいい子供だと思う人もいるかもしれませんね。

しかし、無条件で指示に従うことが当たり前になったとき、そこに自分の考えはありません。「言われた通りにやる」というマニュアルだけがある状態です。

このままではいけないと感じたのは、子供が小学校高学年になった頃でした。「県外の高校に進学させるとしたら。あと数年で、この子は私のもとを離れてしまう」――そう思ったとき、親の指示がなくても自発的に行動できる子供に育ってほしいと考えたのです。

しかし当時の私には、そのためにどうすればいいのかがわからず、ただ息子の成長を待つことしかできませんでした。

そして、結果的にはそれが、息子にとって大切なことだったのだと気が付きます。親がうるさく言わなければ、そのうち子供は自分で考えて行動するようになっていきます。親がするべきことは、ただ見守ることだったのです。

子供はやがて、親のもとを離れて自立します。だからこそ、親がいなくても幸せに生きていけるよう、必要なスキルを身につける必要があります。まずは、善悪の判断基準を持たせること。親がいなくても善悪の判断ができるよう、子供自身の中に基準をつくってほしいのです。

そのために親がやっておきたいのは、一貫性を持って「ダメなことはダメ」と伝えること。同じことをしても、叱られるときもあれば叱られないときもある。そんな状態では、子供の判断基準が揺らいでしまいます。基準がグラグラとしていると、親の顔色を窺わなければ判断ができなくなってしまいます。

私の父は子供たちに対して、あるルールを守るように伝えていました。それが「わがまま・いじわる・嘘・はんこう（反抗）をしない」。このルールを破ったときには、父は私たちを厳しく叱るというものです。しかし、「それ以外のことでは叱らないよ」と言われ、その通りに育ったのです。

ですから私は、成績が悪くなっても叱られたことはありません。その4つに当てはまらなければいい。それが私たち子供の基準になっていたのです。

ただし、これはあくまでも、父が私たちのために設けた基準です。そのため、すべての家庭において通じるものではありません。ときには嘘を受け入れたり（96ページ参照）、反抗したりするときもあっていいと思っています（112ページ参照）。常に同じ基準を遵守する必要もありませんから、子供の性格やそのときの状況によって変更してもいいでしょう。

どのような形であれ親は、子供の指針となる確固とした基準を示すことが大切です。そしてその後は、子供自身の判断に委ねましょう。判断が誤っていれば正す必要がありますが、基本的には子供の自主性に任せて見守ります。そうした積み重ねがきっと、子供の判断力や行動力を培い、自立につながるのだと信じています。

やってみよう

親が口出しし過ぎずに、できるだけ見守るようにする

自分で考えて行動する力を培うために、親があれこれ指示するのは控えたいものです。子供が自立して幸せに生きていけるよう、子供の自主性をはぐくみましょう。

どっち？　その23

きょうだいで
仲よくしてほしいのに、
けんかばかりしている

□ 子供同士で解決する力をつけさせるため、けんかには干渉しない

□ けんかを一時停止させるような声がけをする

「けんかするほど仲がいい」と言われることがあります。けんかをしても関係性が壊れないという安心感がある。それほどに仲がいいからこそ、けんかができるのだというわけです。きょうだいという切れない縁がある関係でのけんかは、そのように見ることもできるでしょう。

とは言え、家の中で子供たちがけんかばかりしているのは、気分がいいものではありませんよね。わが家でも、年の近い姉弟の間ではけんかが多かったので、そのお気持ちはよくわかります。

そんなときに私はどうしていたのかというと、彼らのけんかを一時停止させるような声がけをしていました。

普段とは少し違った真面目な顔で「お父さんは家の中でけんかをしてほしくない。するなら、外でして」と言うと、ふたりのけんかは止まりました。夜になって外がまっくらだったこともあり、そんなときに外に出てまでけんかをしたくないと思ったのでしょう。

そうしてけんかを一時停止してみると、次第にふたりの気持ちが落ち着いてきます。けんかの発端は、ほんの些細な出来事でした。それでも引き金がひかれてしまうと、互いにヒートアップして手が付けられない状況になっていくわけですね。

だからこそ、一時停止して思い返してみると、そこまで争うほどのことではなかったのかも……と自分を客観視できる場合もあるようです。少なくとも、姉弟ふたりで家の外に出て、まっくらな場所でけんかを続行するほどのことではない。そう思えたなら十分です。

他にも「ちょっと休憩して、お風呂の後でけんかの続きをやりなさい」と言ったこともありました。そう言われてけんかを中断してみると、本人たちはなんだかバカバカしくなってけんかをする気が失せるようです。休憩中に冷静になるので、その後にけんかが再開されることはありませんでした。

このようにきょうだいげんかには、一時停止して我に返らせるようなアプローチが効果的ではないかと思っています。状況にもよりますが、親が厳しく叱ったり、間に入って仲裁したりする必要があるケースはそれほどないような気がします。

また、きょうだいがよい関係を築けるようになるには、親が「長幼の序」を重視することも欠かせません。「長幼の序」とは、年上と年下の間にある秩序のこと。この秩序を重んじて親は、年上の子供を優先して過ごすことをおすすめします。

もしも親が、年下の子供ばかりに手をかけてかわいがっていれば、年上の子供はどのように感じるでしょうか。「(年下の)きょうだいのせいで、自分がないがしろにされている」という思いを抱えるようになり、きょうだいへの思いやりを持つのが難しくなります。

そこで、年上の子供を優先するのです。すると、年上の子供の気持ちが満たされるようになります。その結果、きょうだいのことを攻撃対象としてではなく、思いやりを持って共存していく対象として認識できるようになっていくのです。

一人ひとりの子供に「あなたが一番」という愛情を示しつつ、年上の子供には特に、きょうだいよりも優先していることを、わかりやすく伝えていく。そうすることで、年上の子供がきょうだいに向ける眼差しが変わってきます。

そうした積み重ねによって、きょうだい間の関係が穏やかなものになりますから、きょうだいげんかを防ぐことにもつながるはずです。

やってみよう

けんかを一時停止させるような声がけをする

きょうだいげんかの発端は大抵、取るに足らない些細な出来事です。そのため、けんかを一時停止して冷静になってみると、続行するのがバカバカしくなることが多いようです。叱ったり仲裁したりしなくても、冷静になれるような声がけをすることでけんかが収まることがあります。

どっち？　その24

反抗的で口答えばかりしてくる

□

お互いに思いやりの気持ちを持ってコミュニケーションをとることの大切さを伝える

□

反抗を受け止め、子供の要求をできるだけ叶えることで気長に愛情を伝えていく

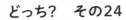

小学校高学年は、第二次反抗期にあたる頃です。イヤイヤ期ともいわれる第一次反抗期に続き、二度目の反抗期が訪れるのですね。

この第二次反抗期は、高校生頃までに収まることもあれば、大人になってからも続くことがあります。

ではなぜ、反抗期が起こるのでしょうか。そこには、抑えきれない親への不満がありま す。その不満が表出して反抗になるわけです。

抑えきれない親への不満、その裏には親への甘えも見えることがあります。そもそも子供は、親に愛されているという自信があるからこそ反抗しています。反抗する自分でさえ受け入れてくれる。その確信が持てるからこそ甘えているのです。もしも子供が、「優等生にならなければ親に見捨てられてしまう」と感じていれば、反抗的な態度をとることを躊躇《ちゅうちょ》するのではないでしょうか。

子供に反抗され続けるこの時期は、親にとって大変厳しいものでしょう。しかしここで心掛けてほしいのは、子供を変えようとするのではなく、親自身が子供の求めに応じて支え続けるということです。

反抗する子供は、親への不満を抱えています。「もっと自分の言うことを聞いてほしい」「もっと自分のために時間を使ってほしい」など、親に対する鬱憤《うっぷん》をため込んでいます。

親にしてみれば、精一杯やっているつもりかもしれません。しかし、子供は不満に思っているのです。その不満を解消すべく、努力しましょう。

そうした努力に対して、子供が「親はよくやってくれている」と気がつけば、反抗は感謝に変わるはずです。もちろん、子供の求めにすべて応じようとする必要はありません。できることをできるだけ、子供に伝わるようにやっていけばいいと思うのです。

反抗されたからといって「親だってこんなに頑張っているんだぞ!」と同じ土俵に上がってけんかをしていても仕方ありません。「どうしても、親の頑張りを伝えたい」というのなら、本人の口からではなく誰かから、子供に伝えるといいでしょう。たとえば父親から子供に「お母さんも頑張っているみたいだよ」と伝えてもらう。そうすることで、本人から直接言われるよりも客観的に、自分たちの状況を見つめられるようになるかもしれません。

とは言え、できればこうした状況では、我が身を振り返って「親としてもっとできることはないだろうか」と考えていただきたいところです。

子供の要求に応じるべく努力を続けたところで、すぐに反抗が収まるかどうかはわかりません。頑張ったところで何年も反抗される可能性もあります。

しかし、ここは我慢のときです。子供は子供なりに時間をかけて、親への不満を積み重ねてきました。その解消のためには当然、時間がかかります。反抗されるのは決していい気分ではないと思いますが、「いつになれば、この親の愛がわかるかな」と気長に構えて、じっくりと対処していきたいものです。

具体的には、子供が自分に自信を持てるよう、サポートしていくことが効果的です。子供のいいところを見つけて認める。そして、子供が求めていることがあれば、最大限その希望を叶えていく。そうする中で不満が薄れ、自信や安心が得られるようになれば、反抗はきっと収まっていくはずです。

やってみよう

反抗を受け止め、子供の要求をできるだけ叶えることで気長に愛情を伝えていく

反抗する子供は、親に対する不満や不安を抱えているものです。その不満が解消され、自信や安心が得られるようになるまで、子供の要求を叶えながら愛情を伝えていきましょう。

どっち？　その25

子供との時間をとれなかったり、余裕がなくて棘のある態度をとったりしてしまう

□

親に余裕がなくて子供にあたってしまいそうなときは、無理をしてまで一緒に過ごさない

□

忙しさゆえに理不尽な態度をとってしまっても、子供は理解してくれる。それでもとにかく、一緒に過ごすことが大切

子供と過ごす時間をつくれなくて、悩んでいる親御さんは多いことでしょう。仕事に家事にと忙しく、どれほど工夫して頑張ってみても子供との時間が短くなってしまう。そんなご家庭もあるはずです。特に子供のうちは、親子で過ごす時間が大切なのは言うまでもありません。しかし、時間を捻出できないからといって、そのことを悔いても仕方ありません。できるだけのことをやるしかないのです。

子供と過ごす時間は、もちろん長いほうがいい。とは言え、長ければいいというものでもありません。量よりも質のほうが大切です。たとえ短くても濃密な時間を過ごすことができれば、子供はきっと、親の思いを受け取って満足してくれるはずです。

私は一日に15分の読み聞かせを推奨していますが、15分が無理なら10分でもいい。5分でも3分でもいいのです。毎日はできないのなら、週末だけでもいいでしょう。可能な範囲で少しでも、子供とともに過ごす時間をつくってみてください。それくらいの時間であれば、睡眠をほんの少し削ったり、家事を少し手抜きしたりすれば、捻出できるような気がしませんか。

そしてその貴重な時間については、前もって子供に伝えておくといいでしょう。

「今は話を聞く時間がないから、夕食の後にゆっくり聞かせてくれるかな」

「今日は仕事が忙しいから無理だけど、明日の夜は一緒に本を読もうね」

そう伝えておけば子供は、そのタイミングを楽しみにすることで、不満や孤独感を乗り越えやすくなりますし、親と過ごす時間があるという安心感を得ることができます。きっと、忙しく過ごしている親の事情も理解してくれることでしょう。ただし、伝えた約束を守らなければ、親の言うことを信じなくなってしまうので、必ず守ってあげてくださいね。

ここで注意したいのは、先にもお伝えした「量よりも質」ということ。親との時間は、長ければいいというものではありません。たとえ長く一緒にいてくれたとしても、その間ずっと親がイライラしているのなら、子供はうれしくありませんよね。

親としては「子供のために」と思って、精一杯頑張って時間を捻出したのかもしれません。しかしそれは、あくまでも親の事情です。だからと言って親の機嫌が悪いことは、なんの言い訳にもなりません。

ですからもしも、親が不機嫌な状態になり、子供に嫌な思いをさせるかもしれないと思ったときには、距離をとることをおすすめします。「今日はちょっと疲れているから、明日にしてくれる?」「今は調子が悪くて話に集中できないから、明日ゆっくり聞いてもいいかな」と仕切り直して、良質な時間をとれるタイミングで子供と接したほうがいいでしょう。

親に理不尽な態度をとられ続けると、子供の中にある、親に対する信頼ポイントが減っていきます。そうした蓄積が、親子関係を難しくしてしまうのです。私も過去に、イライラして子供に余計な一言を投げかけたことがあります。中には未だに「あんなこと言わなきゃよかった」と悔やんでいることもあります。きっと、子供の信頼ポイントを減らしてしまったことと思います。

しかし私が信じているのは、失った信頼ポイントは取り戻せるということ。ポイントを減らしてしまうような出来事があっても、それを上回るほどの愛情を伝え続ければいい。子供はきっと、そうした親の態度を見てくれていると思うのです。

親もひとりの人間です。完璧な育児を成し遂げるロボットではありません。時間をつくれないことも、失敗することもあるでしょう。そうこうしながらも、できる限りの愛情を子供に注ぎ、寄り添っていけばいいのだと思います。

やってみよう

親に余裕がなくて子供にあたってしまいそうなときは、無理をしてまで一緒に過ごさない

子供が必要とするときには、いつでも親が寄り添えるのが理想的です。とは言え、現実的には難しいこともあるでしょう。親に余裕がなく子供にあたってしまいそうなときは、無理をし過ぎず「いつなら一緒に過ごせるのか」を伝えて、少し待ってもらうといいでしょう。

どっち？　その26

叱った後に、子供が気持ちを引きずってしまう

□

「叱る時間を短くする」
「子供の人格を否定しない」
など、叱り方のルールを
親が見直す

□

叱られた後に反省することが
大切なので、引きずっている
のは理想的な反応だと考える

叱られた後に、その気持ちを引きずってしまう子供がいます。叱られたという事実を、それだけ真剣に受け止めているということですね。そのおかげで子供は今後、叱られるようなことを繰り返さなくなるかもしれません。

しかしこの状況から読み取れるのは、よいことばかりではありません。子供の心を傷つけてしまうようなら、親が叱り方を見直す必要があります。

親が子供を叱るとき、まず守りたいのは「叱るのは1分以内にする」というルール。長時間のお説教は、子供の心に響きにくく逆効果になります。手短に理由を伝えながら叱り、その後は気持ちを切り替えたほうがいいでしょう。また、「以前の話を持ち出さない」というのも大事です。同じようなことで叱った過去があったとしても、蒸し返して叱る必要はありません。

そして最も大切なのは「子供の人格を否定するようなことを言わない」こと。「罪を憎んで人を憎まず」という言葉があります。叱るのはあくまでも、その行為に対してのみ。「そんな悪いことをするなんてダメな子だ」などと、子供の人格を否定する言葉をかけないでほしいのです。

たとえ直接は人格を否定していなくても、叱られたことによって否定されたような気持ちになる子供もいます。子供の心情が気になるときは、「叱っているのは、あなたのことが嫌いになったからじゃないんだよ。あなたのことは大好きだけど、そんなことをするのはよくないよ」と、明確に伝えてあげるといいでしょう。

それでも気持ちを引きずってしまう子供には、うまくリセットできるよう、その後にほめポイントをつくるのがおすすめです。

私の息子は子供の頃、叱られた後に私を玄関に引っ張っていくことがありました。彼が指さす方向を見てみると、家族の靴がきれいに揃えられています。

「あなたが揃えたの？」と聞くと「そうだよ」と言うので、そこで私は彼をほめることができます。そうやってほめられることで、彼は、叱られてマイナスになった気持ちをプラスにして、うまくリセットしていたのです。

初めのうちは、親がさりげなくお手伝いを頼むなどしてほめポイントをつくり、子供が応えてくれたらほめてみるのもいいかもしれません。そうして気持ちを切り替える術を身に付けていけばいいと思うのです。

親の中には「叱ることがしつけになる」と思って、厳しく指導することにばかり意識を向ける人がいます。もちろん、人を傷つけたり迷惑をかけたりしたときなどは、叱らなければなりません。しかし、叱り方にもコツがあります。親は、子供をよい方向へと導く叱り方を習得していきたいものです。

子供はできるだけ、親からほめられたいと思っています。そして、ほめられたいという思いは、ときに叱られたときよりも、子供の気持ちに影響を与えます。

だからこそ普段からやっていきたいのは、「悪いことをしなかったときにほめること」や「いいことをしたときにほめること」。また、よい結果が出たときだけではなく、そのために努力をしたときにはぜひ、過程もほめていただきたいと思います。

たとえば、たとえテストの結果が50点だったとしても、そのために頑張って勉強したというプロセスはすばらしい。だから、「よく頑張ったね!」と伝えるのです。成績がいいときにだけほめられることが続くと、自信がないときには挑戦しなくなる子供もいます。

親が叱り方とほめ方に気をつけることで、子供の行動は大きく変わっていくはずです。

やってみよう

「叱る時間を短くする」「子供の人格を否定しない」など、叱り方のルールを親が見直す

叱られた後に子供が気持ちをリセットできるよう、親が叱り方を見直す必要があるのかもしれません。厳しく叱ることばかりが、子供の気持ちを動かすわけではないのです。

どっち？　その27

読み聞かせをせがまれるけれど、何歳まで続ければいいの？

□ 文字を覚え、ひとりで本を読めるようになったら、読み聞かせをやめる

□ ひとりで本を読めるようになっても、10歳頃まで続ける

小学生になれば子供は、ひとりで本を読めるようになってきます。そんな様子を見れば、「そろそろ読み聞かせは卒業かな」と感じるかもしれません。しかしできることなら、読み聞かせは「1つ」「2つ」など「つ」がつく年齢の間は継続してほしいのです。

理由は、読書習慣を身に沁み込ませてほしいから。小学生になれば、手に取る本が絵本から児童書へと移行します。本の魅力を知って自ら読むことを習慣化させるためには、児童書の読み聞かせが効果的なのです。

絵本の場合は、描かれた絵を目で追っているだけでも楽しむことができます。しかし児童書は違います。絵の力に頼らず、想像力を働かせなければなりません。その上、絵本と比較すると文字が大幅に増えるため、初めのうちは子供ひとりで読むのは大変です。

そうした理由から、絵本であればひとりで読もうとする子供でも、児童書に手が伸びないことがあります。「絵本好き」の子供が「本好き」になるとは限らないのは、そのためです。だからこそ必要なのが、「本好き」になるための橋渡しとして、児童書を好きになってもらうこと。そのための手段が、読み聞かせなのです。

児童書の読み聞かせは、絵本のように1冊を読み通す必要はありません。習慣として長く続けるためにも、1回15分程度にするといいでしょう。読む前に本をパラパラとめくって、「キリがいいからここまで読もう」と決めておくとスムーズです。

途中で切りあげるのは中途半端だと思われるかもしれませんが、そんなことはありません。子供は「この先はどんなふうにお話が展開していくのだろう」と想像を膨らませてワクワクできるので、さらに楽しみが大きくなります。

私自身も延べ14年間、我が家の3人の子供たちに読み聞かせをしてきました。自分の子育てを振り返ってみると、その時間の半分くらいは読み聞かせだったのではないかと思います。

各地を飛びまわり、子供たちと離れて過ごすことも多かったのですが、1年の半分くらいは15分間の読み聞かせをしていました。その中で強く感じたのは、読み聞かせは親から子へと愛情を伝える有効な手段になるということです。

読み聞かせには、語彙が増えたり想像力が育まれたりと、すばらしい効果を期待できます。しかしそれは、副次的なものにすぎません。そうした効果のみであれば、朗読ＤＶＤを見せるだけでも得られるでしょう。

子供と一緒に本に向き合い、ともにその世界に浸るという親密な時間は、読み聞かせでなければ得られないものです。その貴重な時間を通して、子供は親からの愛情を受け取ってくれるのです。

たとえ棒読みでも、短時間でも構いません。ぜひ、読み聞かせを続けてください。中には、仕事などで忙しくてなかなか時間をとれないご家庭もあるかもしれません。毎日欠かさず実践できないことに、心苦しさを感じている人もいるかもしれません。

しかし、そこは割り切って、自分にできることをやるというスタンスで臨めばいいのです。平日は忙しくて難しいのなら、週末だけでもいいでしょう。夜に時間をとれないという人なら、朝に読み聞かせをしてもいいでしょう。15分を捻出できない場合は、5分でも10分でも構いません。細切れの時間を見つけて、自分なりの読み聞かせをしていけばいいのです。

やってみよう

ひとりで本を読めるようになっても、10歳頃まで続ける

絵本が好きな子供でも、児童書には興味を持ちにくいことがあります。児童書の読み聞かせによって「絵本好き」から「本好き」への橋渡しをしましょう。できれば10歳頃まで読み聞かせをするのがおすすめです。読み聞かせは、親から子へと愛情を伝える手段としても有効です。

どっち?　その28

読み聞かせ中に、本の内容についての質問が止まらない

□ 質問のたびに一緒に考える時間をとり、本の世界をより深く理解できるようにする

□ 「読み終わってから話そう」と言って、最後まで静かに聞くことを促す

読み聞かせをしていると、子供が途中で質問をしてくることもあるでしょう。この言葉はどういう意味なのか。なぜ主人公は、このような行動をとったのか。傍らで読んでいる親にたずねたくなるのは自然なことです。

本をきっかけにして、子供の世界は広がっていきます。語彙力が増え、想像力が膨らみ、様々な価値観や世界観を知ることができます。本の内容について親にたずねたり、思いを伝え合ったりするのはとても大切な経験です。

しかし、そのために読み聞かせを中断することは、おすすめしません。1冊5分ほどの読み聞かせが終わるまで、子供には静かに聞くように伝えましょう。途中で疑問が浮かんだり、伝えたいことが出てきたりしても、口に出さない。対話は、すべて読み終わった後にするのです。

理由は、「集中力」と「話を最後まで聞く力」を培うため。読み聞かせの途中で口出ししたい気持ちをおさえて、本の内容に心を傾ける。そうすることによって、集中力を高めることができます。そして、話を最後まで聞く力も身に付きます。こうした力は、会話をするときや授業を受けるときなどに大いに役立つはずです。

読み聞かせをする本は、子供がひとりで読める本よりも、少し難易度の高いものを選ぶといいでしょう。目安としては、2歳上の子供が読む内容を選んでみてください。そうすることで、質問したいことも多くなるかもしれませんが、語彙が増えて学力も伸びていきます。

子供にとっては、「自分で読みながら理解する」よりも、「読んでもらって理解する」ほうが簡単です。ピアノの弾き語りはできなくても、ピアノを弾くだけ・歌うだけであればできる人がいるというのと同じですね。読み聞かせのときには、シングルタスクで「理解する」だけに集中できるので、より高度な本に触れることが可能になるのです。

とは言え、それまで絵本ばかり読んでいた子供にとって、登場人物が増えストーリーが複雑になった児童書の内容は、初めのうちは難しく感じられます。そこでおすすめなのは、シリーズものの児童書を選ぶことです。

児童書に触れ始めたばかりの子供は、その本の世界観や登場人物を把握するのに手間取り、興味を持てなくなることがあります。しかし、すでに読んだことがあるシリーズものなら、スムーズにその世界に入ることができます。まずは、子供が親しみやすそうなシリーズものから読み聞かせを始め、少しずついろいろな本に挑戦してみるといいでしょう。

父である七田眞は、大変な読書家でした。本を読むことに大きな価値を見出しており、「本好きな子に育てるのは、金の卵を産む鶏を育てるのに等しい」「我が子を本好きに育てたら、親の仕事は半分終わったも同じ」と語っていたほどです。

本は私たちに、あらゆる情報をもたらしてくれます。父は、若い頃に病に倒れ、医師からも匙を投げられて余命1~2か月と宣告されました。しかし読書家だった父は諦めることなく、多くの本から情報を得て自らの体を変えていきました。食事を見直したり、体を鍛えたりと試行錯誤するうちに、ついには自力で大病を克服したのです。

もしもこの世に本がなければ、父が七田式を確立することも、私が生まれることもなかったのです。本にはこのように、人生をガラリと変えるほどの多様な情報が詰まっているのです。

だからこそ子供たちには、本を読むという習慣を身につけてほしい。親が近くでサポートできるうちは、子供が困難にぶつかっても手を差し伸べることができます。しかし親は、いつまでも子供に寄り添えるわけではありません。

親がいない世界で子供が困ったとき、本はきっとヒントを与えてくれます。読書習慣を身につけることは、子供が自分の力で生きていく上で大いに役立つのです。

やってみよう

「読み終わってから話そう」と言って、最後まで静かに聞くことを促す

最後までお話を聞くことを通して、「集中力」や「聞く力」を培うことができます。

どっち？　その29

ひとりで買いものをするときは、現金かプリペイドカード、どちらを使うほうがいい？

□

子供でも使いやすいプリペイドカードなどを使い、キャッシュレス決済をさせる

□

お金の価値を体感させるためにも、自分の手で現金を使う

近年はキャッシュレス化が進み、現金で支払いをする機会が減りました。買いものなどの際に、子供の前で現金のやりとりをする機会も少なくなったのではないでしょうか。今後ますます、キャッシュレス化は進むかもしれません。しかし子供にはぜひ、「現金で買いものをする」という経験を十分に積ませてほしいと思います。

現金を使うことを通して子供は、お金の価値や値段の感覚を摑んでいきます。500円あれば、どんなものが買えるのか。お目当てのお菓子は、いくらあれば買えるのか。もちろんキャッシュレス決済をしていても、そうした感覚は身につくかもしれません。しかし子供にとって、現金払いによって得られる情報量は、キャッシュレス決済の比ではありません。手持ちの現金とにらめっこをしながら買うものを選び、お金を手渡して商品とおつりを手にする。そのリアルなやりとりを通してお金の価値を学び、リテラシーを身につけていくのです。

キャッシュレス決済には多くのメリットがあります。購入額に応じてポイントがつけばお得ですし、会計の手間も省けます。いつかは子供も、キャッシュレス決済をするようになるでしょう。しかしできることなら小学生のうちだけでも、現金を使う経験を積んでほしい。お小遣いやお年玉などを現金で渡し、お金を使うとはどういうことなのかを体感させてほしいのです。

その際、お小遣い帳をつけてお金を管理することも大切です。我が家では、子供にお小遣いを渡したら、何に使うのかは子供に任せて口出しすることはありませんでした。ただしルールとして、お小遣い帳をつけることだけは約束していました。そうして子供なりにお金をやりくりすることで、お金の使い方を体得できるからです。

お小遣いを渡すようになると、そのうち子供は「もっとたくさんほしい」と思うようになるでしょう。値上げ交渉をしたり、お駄賃をねだったりするようになるかもしれません。そういうときに、我が家で取り入れていた特別ルールがあります。

お小遣いは1か月500円だけど、5000円のものを買いたい。すると子供は、10か月お小遣いを使わずに貯めれば、お目当てのものを買えるという計算になります。しかしそれは子供にとって、なかなか厳しい道のりです。

そこで特別ルールです。5か月間お小遣いを使わず2500円を貯めることができれば、ボーナスとして2500円を支給するのです。そうした経験を通して「ほしいもののためにお金を貯める」という習慣が身に付きます。子供はきっと、身の丈に合わない浪費や、計画性のない買いものなどに走らず、地に足のついたお金の使い方ができるようになるでしょう。

お手伝いの対価としてお駄賃を渡す家庭もあるようですが、私はあまりおすすめしません。大人になれば、労働の対価としてお金を得るようになります。しかし子供のうちは、家族のために無償で何かをすることを惜しまないでほしい。「お駄賃をもらえないなら、お手伝いはしない」という発想を、持たないでほしいと思うからです。

お手伝いの対価をお駄賃ではなく、ポイントにする方法もあります。お手伝いをするたびにポイントが貯まり、目標をクリアすると家族みんなのお楽しみに使えるのです。たとえば、家族みんなで旅行に行くことができる。その費用はもちろん親が出すわけですが、旅行そのものは、ポイントを貯めた子供のおかげで実現したわけです。家族みんなが、ポイントを貯めた子供を讃え、感謝します。そして、家族で楽しい時間を過ごします。

そうやって、お金以外のものにも価値を見出し、自分だけではなく、人との喜びのために使うという視点も、子供にはぜひ持ってもらいたいものです。

やってみよう

お金の価値を体感させるためにも、自分の手で現金を使う

キャッシュレス決済は便利ですが、子供のうちはできるだけ現金で買いものをする経験を積みたいところです。自分の手で現金を使うことで、お金の価値を理解しやすくなるはずです。

どっち？　その30

お小遣いが足りなくなって、親の財布からお金を盗んでいた

□ 「盗みはダメ」と伝えた上で、子供の希望を取り入れてお小遣いのルールを見直す

□ 盗みを繰り返さないよう、ペナルティとしてお小遣いを減らす

どのような理由があったとしても、盗みをするのはよくありません。たとえそれが、親の財布に入っている小銭であったとしても……。

もしも子供が盗みをしているとわかったら、すぐに子供に対峙して「いけないよ」と言葉を交わして教えましょう。子供にしてみれば「少しくらいいいよね。どうせわからないだろうし、見つかっても許してくれるよね」という甘えた気持ちだったのかもしれません。どうしてもほしいものがあって、衝動的に手が動いてしまったのかもしれません。しかしいずれにしても、盗みは許されることではありません。そのスタンスを明確に伝える必要があります。

それと同時に、親自身も反省すべき点がないかどうかを振り返ってほしいのです。子供が盗みなどの問題行動をする背景には、愛情不足が疑われる場合があり、親からの視線を集めたくて、もっと自分に手をかけてほしくて、注意を引こうとすることがあるのです。

愛情不足が原因かどうか。その判断は難しいものですが、そうかもしれないと感じたときには、子供との接し方を見直してみるといいでしょう。中には、親の愛情は十分であるにもかかわらず、子供がそれを受け取れていない場合もあります。

子供の話をじっくりと聞く、読み聞かせをする、できるだけ子供の希望を叶える。そのようにして、親が子供に寄り添う時間を過ごす中で愛情を伝えることができれば、行動が変わっていく可能性があります。

そうした対応をした上で、お金が足りなくて困ったときのために「盗む」以外の解決策を提示することも重要です。限られたお小遣いだけではお金が足りず、ほしいものを買えないこともあるでしょう。そんなときはまず、親に交渉してほしい。そうすれば、正当な方法でお金を手にできる可能性があるのですから。

たとえば我が家では、お金が足りないときの特別ルールを設けていました（132ページ参照）。ほしいものがあるときには、予定通りにお小遣いを貯めて目標額に到達すれば、ボーナスをもらえるというものです。この方法であれば、時間はかかりますが希望のお金を手に入れることができます。また、お小遣いアップの交渉をするのも一つの方法でしょう。

こうした場合に、ルールを厳しくし過ぎるのは避けたいものです。厳し過ぎると子供は、「困ったときには盗むしか方法がない」という、追い込まれた発想に陥ります。そうならないようにもできるだけ、子供が希望を叶えられるような選択肢を示してあげられるといいですね。

盗みは許容できるものではありませんが、見方によっては、子供のうちにささやかな盗みを経験しておくことは、その後の人生に生きてくるとも考えられます。

子供の頃に、お店の人の目を盗んで出来心でお菓子を盗んでしまった人がいました。その人は、初めのうちは「得をした」という気持ちでホクホクしていましたが、次第に罪悪感を覚えるようになったそうです。悪いことだとわかっているからこそ「お店の人に申し訳ないことをした」と反省したのですね。それからその人は、盗んだものをこっそりと返しに行きました。そして、「人のものを盗むのはやめよう」という思いを強くしたのだそうです。

良心を持った子供であれば、盗みをすれば罪悪感を持つものです。親以外の誰かのものを盗む前に、「親の財布の小銭」をターゲットにしてくれてよかった。この場合はそう考えて、子供を信じて対話を重ねられるといいのかもしれませんね。

やってみよう

「盗みはダメ」と伝えた上で、子供の希望を取り入れてお小遣いのルールを見直す

盗んだ事実を叱ることが必要です。その上で、愛情不足が考えられる場合は親子間のコミュニケーションを増やしたいですね。子供の希望を取り入れて、「盗まなくてもほしいものを買う方法がある」という状況になるよう、お小遣いのルールを見直すこともおすすめします。

どっち？　その31

身支度がうまくできず、忘れものが多いみたい

□ 身支度の方法を教えた後は、手を出さずに見守る

□ 忘れものをしなくなるまで、親が一緒に身支度をする

毎朝、学校へと出発する前に「教科書とノートの準備がまだできてない！」「今日持っていくはずの絵の具がない！」と大騒ぎ。その上、授業が始まってから「忘れた！」と気がつくことも……。困ったものですね。

しかし、特に低学年の子供にとって、忘れものをしないよう注意深く身支度をするというのは、思いのほか難しいことです。その日の授業で必要な教科書やノート、使いやすく整えられた鉛筆、消しゴム、そして、ハンカチやティッシュ……。数々の持ちものを管理し、予定に合わせて準備するためには、ちょっとしたコツが必要なのですから。

ですから初めのうちは、身支度の方法をひと通り教えてあげましょう。

具体的には、

- 前日のうちに、時間割を見ながら持ちものを揃えてセットする
- 鉛筆や消しゴム、ノートなどの消耗品は、必要に応じて整えたり補充したりする
- 買う必要があるものは、早めに親に伝える

といったことを、一緒に身支度をやってみせながら伝授するのです。わかりやすいチェックリストをつくって、取りこぼしなく身支度ができる仕組みを示してあげるといいでしょう。

消耗品は、できれば予備をストックしておくなどして、忘れものを防げる環境を整えて

おくと安心です。

そうして3～4か月ほど身支度に併走したら、あとは子供に任せます。目は離さずに、そっと手を離すのです。

もしかすると、親が手を離した途端に忘れものが増える子供もいるかもしれません。そんな様子を目の当たりにすれば、「授業中に困るかもしれない」「忘れものをすることに慣れてしまうかもしれない」と心配になって、手を差し伸べたくなることもあるでしょう。

確実な身支度ができているかどうかを逐一チェックしたり、忘れているものがあれば学校まで届けたり、そうして細やかにフォローしたくなる気持ちもわかります。かく言う私も、当時1年生だった子供の忘れものに気がついて、こっそりと学校まで届けたことがあります。

しかしここは、グッと我慢するのがおすすめです。

忘れものをした子供は、確かに困ります。そのせいで、授業についていけなくなるかもしれませんし、先生に叱られるかもしれません。でも、その「困った経験」こそが、今後の成長にとって必要なのです。

「困った経験」を経るからこそ、子供は、しっかりと身支度することの大切さを痛感します。そして、「次こそは気をつけて身支度をしよう」という気持ちが湧いてくるのです。

忘れものをしなくてすむように、親がいつまでもフォローを続ける。それは、「子供が忘れもので困るという経験」を奪うことになります。子供も、そしてもちろん大人もそうなのですが、失敗の経験がステップアップのきっかけになるというのは、よくあることですよね。

失敗しそうな子供をただ見守るというのは、もどかしいものです。

しかしこれも、子供にとって必要な経験なのだと割り切ってそっと見守りましょう。その後、何か月も毎日忘れものが続くなど、問題が見えてきた場合は再び親が手を差し伸べることになるかもしれません。子供から手を離しても、目を離さずにいれば、そうしたサポートが必要かどうかも見えてくるはずです。

やってみよう

身支度の方法を教えた後は、手を出さずに見守る

身支度の方法をひと通り伝授したら、数か月後には手助けをやめて子供に任せましょう。その結果、たとえ忘れものをしてしまっても、それも貴重な経験。子供自身が気付きを得て、身支度の技術をステップアップさせるきっかけになるかもしれません。

どっち？　その32

挨拶ができるようになるには、どうすればいい？

□ 「挨拶をしなさい」と厳しく叱る

□ 挨拶の必要性を教える

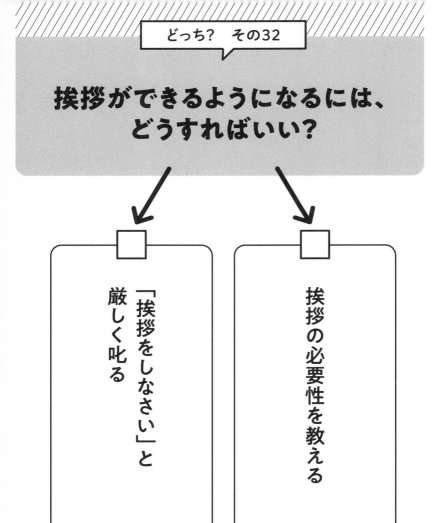

親や知り合いに対して、自分から挨拶をしてほしいのに声が出ない。相手が挨拶をしているのに、返事をしない。そうした場合、親は一体どうしたらいいのでしょうか。

ときに親は、子供に対して厳しく叱ることも必要です。誰かを傷つけたり、迷惑をかけたりして反省が求められるときには、そのような対応もやむを得ません。

しかし、特に低学年の子供にとって、挨拶をしないことはそこまでの反省を促すべきことではありません。なぜなら、その必要性がわかっていないだけかもしれないからです。

それではなぜ、挨拶が必要なのでしょうか。

ここで「挨拶」の語源を見てみましょう。禅宗のお坊さん同士が行う問答を「一挨一拶」といいます。「挨拶」の由来はここにあります。互いを理解するための問答である「一挨一拶」。それが転じて、誰かと出会ったときに交わすやりとりを「挨拶」というようになったのです。

挨拶の「挨」には「迫る」「押す」などの意味、「拶」には「近付く」「切り込む」などの意味があります。この意味だけを見てみると、相手への親しみや温かみを感じにくい言葉に見えるかもしれません。しかしここには、「心と心をぶつけ合う」「心を開いて接する」といった、相手への好意的な思いが含まれています。ここにこそ、挨拶の真髄があるのです。

顔を合わせて声をかけ合う。そうした挨拶の行為は、互いに心を開いて距離を縮め、よい関係を築く助けになります。互いの存在を示し合い、認め合う。それこそが、人間関係の第一歩なのです。

多くの親は「自分の子供が人に愛されてほしい」と願っていることと思います。人は、ひとりでは生きていけませんから。自分が離れた場所にいるときにも、さらには自分の死後にも、子供が誰かに愛され幸せであってほしいと願っているのではないでしょうか。

挨拶は、相手に好印象を与えるためのツールになります。もしも子供が、親であるあなたに「なぜ挨拶をしなきゃいけないの？」とたずねたら、「あなたが愛され、幸せであってほしいから」と言うのが、答えの一つかもしれませんね。ぜひ、挨拶の語源とともに、その気持ちを伝えてみてください。

挨拶をするときには、周囲の空気を明るくするような元気な声を出してほしいものです。しかし中には、「大きな声で挨拶をしなければ」と思っているのに、照れくささを感じたりして小さな声になってしまう子供もいます。

挨拶は相手に届かなければ意味がありません。自分は挨拶をしたつもりでも、その声が相手に聞こえていなければ、していないのと同じなのです。

小声の挨拶しかできない子供は、ぜひ低学年のうちに、そのボリュームを上げられるといいですね。もしも子供の挨拶があなたの耳に届かなければ、こちらから「おはよう！あれ？　挨拶が聞こえないけれどまだ眠っているのかな？」などと明るく問いかけてみるのもいいでしょう。挨拶の声が聞こえてくるまで、「おはよう！　おはよう！」と元気に声をかけ続けるのもいいかもしれません。子供自身が明るく前向きな気持ちで、気持ちのいい挨拶をできるよう導いてみてください。

そしてこれは言うまでもありませんが、親自身が挨拶をしている姿を見せることも重要です。家の中でも、そして外でも、子供を始め様々な人に挨拶をする姿を示しましょう。子供は、親が「言うこと」よりも「すること」を重視し、取り入れようとするものです。まずは親が、挨拶の大切さや心地よさを実感した上で子供と共有する。そうすればきっと子供も、自発的に挨拶をするようになっていくはずです。

やってみよう

挨拶の必要性を教える

子供が挨拶をしないのは、挨拶の必要性を実感していないからかもしれません。親自身が挨拶する姿を見せながら、その大切さを言葉と態度で伝えていきましょう。

どっち？　その33

朝食を残してしまう。朝食メニューは、どんなものにすればいい？

□

栄養バランスを考慮した定番メニューを、食欲がなくても食べ続けることで習慣化を目指す

□

食べやすいメニューの朝食を用意して、可能な範囲で食べられるようにする

栄養満点の朝食メニューをたっぷりと食べてほしいけれど、食欲が湧かないのか残してしまう。そんなことが続けば気がかりですよね。

理想を言えばもちろん、バランスのよい食事を十分にとれたほうがいいでしょう。しかし、子供の食事がすすまない場合、そこにはきっと理由があります。心配な気持ちはわかりますが、無理に食べさせようとするのはＮＧ。「食べない理由」を見つめた上で、適切な対策を考えてみることをおすすめします。

「食べない理由」としてまず考えられるのは、おなかがすいていないということ。大人の中にも、朝は食欲が湧かないという人がいますよね。そうしたケースは子供も例外ではありません。

できることなら欠かさず朝食を食べてほしいものですが、前日などにしっかりと食事をとれている場合、そこまで無理に食べさせる必要はないでしょう。栄養バランスについても、数日間の食事状況を総合的に見て問題がなければ、それほど気にすることはありません。朝食でとれなかった分を、昼食や夕食、別の日の食事などでカバーすればいいのです。ただし、給食までにおなかがすくと子供自身もつらいと思いますから、何か少しでも口に入れておけるといいですね。

用意するメニューは、たとえばミニおにぎりはいかがでしょうか。手まり寿司ほどのサイズの小さなおにぎりなら、ぱくりと一口で食べられます。ボリュームあるおにぎりにかじり付くほどの食欲がないときにも、手が伸びやすいのでおすすめです。

炭水化物をとる気にならないなら、おみそ汁でも卵焼きでも、なんでもいいと思います。少しでも子供の気持ちが向きやすいものを用意して、様子を見てみましょう。

それでも手が伸びないときは、フルーツやジュースはいかがでしょうか。のど越しがよくて食べやすいものや、子供が好きなものを検討してみましょう。フルーツやジュースを一口だけでも口にすると、その後に食欲が出てくることもあります。

大切なのは、子供自身が自分の腹具合を見ながら決めること。朝食はもちろん大切ですが、「食べたくない」と言う子供に無理やり食べさせなくてもいいのです。

ただし、注意が必要な場合もあります。もしも、心理的な要因によって食事を拒否しているようなら、適切な対処が必要です。

普段はしっかりと朝食をとっているのに、食べたがらない。なんだかいつもと様子が違う。そんなときは、何かに深く悩んでいる可能性があります。友達関係や勉強のこと、家族のこと……。子供なりに思い悩むあまり、食欲がなくなっているのかもしれません。思春期にさしかかれば、太りたくないという思いから食事を控えたがる子供もいます。

そうした可能性がある場合は、できるだけ丁寧に子供の話を聞いてください。まずは、食べられない状況の裏にある困りごとを子供と共有すること。そして、親子で力を合わせて改善へと向かえるといいですね。

まだ幼いこの時期の子供にとって、自分の力だけでは解決できない問題がたくさんあります。食欲がないというのは、そうした問題に直面しているサインなのかもしれません。

やってみよう

食べやすいメニューの朝食を用意して、可能な範囲で食べられるようにする

毎朝しっかりと朝食をとれると理想的ですが、心身の状態によって難しいこともあります。そんなときは、無理やり食べさせようと思わなくてOK。子供の手が伸びやすそうな朝食メニューを用意して、可能な範囲で口にできるよう見守りましょう。

どっち？　その34

好き嫌いを克服できない。このままで大丈夫？

□ 調理法を工夫したり調理のプロセスを体験させたりして、嫌いな食べものに興味を持たせる

□ 嫌いな食べものは無理に克服させようとせず、好きなものだけ食べさせる

子供に限らず大人でもそうですが、ふとしたきっかけで嫌いな食べものを克服できることがあります。

私は以前、ナスの漬けものが苦手でした。初めて食べたときに、噛むとキュッキュッと歯の上を滑るような食感が「嫌だな」と感じたからです。

しかし、だからと言って、ナスを使った料理がすべて嫌いなわけではないのです。焼きナスなんて大好きですし、天ぷらやフライにしたものも問題なく食べられます。調理法が変われば、食感も味もがらりと変わりますから。私の場合は、ナスの漬けものに出合う前に、ナスにいろいろな味わい方があることや、自分の好みに合う食材であることを知っていたおかげで、ナスそのものを嫌いになることはありませんでした。

しかしもしも、私にとって初めてのナス料理が漬けものだったとしたら……。その後に焼きナスを見ても、避けていたかもしれませんね。後に大好きになる焼きナスを「嫌いな食べもの」と認識し、食べずにいたとしたら、とても残念なことだと思います。

ちなみに今では、ナスの漬けものもおいしく食べられるようになりました。ナスの漬けものは、細かく刻んだりお茶漬けに入れたりすれば食感が変わります。このような工夫をすれば、嫌いだったものもおいしく食べられるようになるのです。

そこでおすすめしたいのは、嫌いな食べものは、その印象が大きく変わるようなアレンジをしてみること。「苦味があって嫌い」と言うのなら、甘味を足すなどして苦味が気にならないようにするのも一つの手。「固くて食べにくいから嫌い」と言うのなら、やわらかく煮込むなどして食べやすくしてみてもいいでしょう。

ここでのポイントは、先入観にとらわれず、調理法の幅を大きく広げること。たとえばキュウリは、サラダなどにして生のまま食べる機会が多いことと思います。そのため、キュウリのアレンジといえば、切り方を変えたり、ドレッシングを変えたりする程度になりがちです。だからこそ試してみてほしいのは、普段はしない「焼く」というアレンジ。キュウリを焼くと、生のときとは違った味わいや香り、食感、温度などを楽しめます。そうして切り口を変えることで、苦手な食材を好きになれることがあるのです。

ハンバーグやカレーなどが好きな子供なら、苦手な食べものを細かく刻むなどしてその中に混ぜ込んでしまう方法もいいですね。そうすれば、知らず知らずのうちにおいしく食べて、「実はこんなにおいしかったんだ！」と発見できるかもしれません。

このようにして食べ方を工夫する他に、ぜひおすすめしたいのは、食材が食卓に上がるまでのプロセスを体感させること。たとえば野菜なら、畑で栽培し収穫する体験をしてみると、好きになることが多いようです。自分で育てた野菜には愛着が湧きますから、たとえ苦手なものだったとしても徐々に、「食べてみたい」という気持ちが芽生えてくるのです。

また、一緒に料理をするというのもおすすめです。食材を切ったり焼いたりという調理のプロセスを子供自身が担当する。完成して食卓に上がったものを、家族みんなでおいしく食べる。そうして自らが関わりを持った食べものには、自然と好意的な気持ちが湧いてくるからです。

好き嫌いがなくなれば、栄養バランスのよい食事をとりやすくなりますから、健康な体づくりに効果的です。それだけではなく、多種多様な食べものを味わうこと、そして、その時間を家族など大切な人と共有することは、生きる上での大きな喜びになります。子供にはぜひ、好き嫌いを克服することを通して、その喜びを知ってもらえるといいですね。

やってみよう

調理法を工夫したり調理のプロセスを体験させたりして、嫌いな食べものに興味を持たせる

苦手だと思っている食べものも、調理法を変えれば好きになれるかもしれません。調理を体験するなどして食材に興味を持つことも、好き嫌いの克服につながります。

どっち？　その35

部屋が散らかっているのに片付けられない

□

散らかっているように見えても、子供なりに片付けをしていることがあるので口出ししない

□

片付けの方法がわかっていない可能性があるので、まずは片付け方を教える

片付けには技術が必要です。持ちものを使いやすいように配置する技術、使ったものを定位置に戻す技術、片付けるための時間を見つける技術……。たかが片付けと思われるかもしれませんが、そこには様々なテクニックが求められます。それが身についていなければ、子供はもちろん大人にだって、片付けは難しいのです。

片付けができない子供は、そのための技術が伴っていない可能性があります。片付けをしたいという気持ちはある。しかし、やり方がわからないのです。

ですからまずは、技術を伝授することから始めましょう。最初は、片付けのための時間を見つける技術から。夕食前など、ちょっとした細切れの時間を見つけて「少し時間があるから、どこか1か所だけ片付けよう」と声をかけてみてください。

片付けというと、まとまった時間をとって部屋をすべてきれいにするところまでやろうと考える人がいます。もちろんそれでもいいのですが、そのためには時間も労力もたっぷりと必要ですからハードルが上がります。取りかかるためには気合が必要ですし、疲れてしまうので「もうやりたくない」と苦手意識を持ってしまうこともあります。

そうした状況を避けるためにもおすすめしたいのは、10分程度のすきま時間を利用して、どこか1か所だけを集中的に片付けること。教科書が入っている棚だけ、引き出しの一段目だけ、学習机の上だけ……というように、小さなスペースを1つ選んで片付けます。

そうすれば、時間も労力も少しですむので、片付けへの苦手意識を持たずにすみます。しかも、1か所だけとは言え、きれいに片付けられたことによって、気分がよくなります。そうして片付けの効能を実感すれば今後も、すきま時間を見つけたときに取り組みやすくなるでしょう。1か所ずつでも片付けていけば、やがて部屋全体がきれいになることもイメージできるので、片付けに対するモチベーションも高まっていきます。

片付け方については、使ったものを定位置に戻すという基本を教えるといいでしょう。「この本はどこに片付ければいいのかな?」とたずね、片付け方は子供に任せます。自分の考えで定位置に戻せるようになれば次第に、片付けができるようになっていきます。

それでも片付けができず散らかり放題のときは、親が途中までやってみせ、「あとは自分でやってね」と伝えてみてください。強く叱る必要はなく、「ちょっとだけ手伝うけど、お母さんも割と忙しいから、あとは自分でね」と。そうすれば子供は、親に申し訳ない気持ちになり「このままじゃいけない」と感じてくれるはずです。

そのほかの方法としては、家族みんなで片付けタイムをつくってみるのもおすすめです。「日曜日の朝は、家族全員がそれぞれのスペースを片付けよう」と決めて、一斉に片付けに取り組むのです。終わった後にみんなで食べに行く昼食を楽しみに、全員が片付けをする。そうすれば子供も、メンバーの一員としてやる気を発揮してくれるかもしれません。

大切なのは、自分の意思で「片付けたい」と思えるようになること。親に言われたから片付けるのではなく、自ら必要性を感じて片付けられるようになることです。

そのためには子供のうちに、きれいに片付けられた部屋の心地よさを知り、自分にはその心地よさをつくりだす技術があるのだという自信を持ってほしいですね。そうして培われた美的感覚はきっと、大人になっても子供の中で生きていきます。

もしも子供が片付けの効果を実感できないようなら、散らかった部屋を撮影し、その後に子供と協力をしてきれいに片付けた部屋の写真を撮ってみてください。2枚の写真を見比べてどちらの部屋が好きか聞いてみると、片付けの大切さを理解できることがあります。

やってみよう

片付けの方法がわかっていない可能性があるので、まずは片付け方を教える

細切れの時間を見つけて、まずは1か所を片付けるようアドバイスをしてみましょう。片付けの技術を教えることから始めるのです。

どっち？　その36

歯の仕上げ磨きは、いつ卒業すればいいの？

□ 歯磨き後に親がチェックをして、仕上げ磨きが不要だと感じたらその日で最後にする

□ 親子で期限を設定し、それまでに卒業できるようにする

仕上げ磨きを卒業する年齢は、子供によって様々です。もしかすると幼児のうちに、すでに卒業している子供もいるかもしれませんね。

ひとりできれいに歯磨きができるようになっていれば、もちろんそれで問題ありません。中にはスキンシップを兼ねて、6年生まで仕上げ磨きをしているというご家庭もあります。もちろんそれも、すばらしいことだと思います。

仕上げ磨きをやめる時期に、決まりはありません。子供自身がきれいに歯磨きする力を身に付けさえすれば、いつでもいいのだと思います。

あえてその時期についてアドバイスをするならば、親子で期限を設定し、それまでに卒業できるようにするとスムーズかもしれません。もしくは、子供から「そろそろ卒業したい」という意思表示があった場合は、それを機に卒業するといいでしょう。ポイントは、子供自身が納得して決めた時期であるということです。

子供は成長に伴って、親と寄り添って続けてきた数々の習慣を手放していきます。仕上げ磨きだけではありません。母乳やミルクを飲むこと、一緒にお風呂に入ること、同じお布団で眠ること……。こうした様々な行動を、親の手を借りずにひとりでできるようになっていくのです。

慣れ親しんだ親との習慣は、子供にとって心の拠り所になっています。

だからこそ、その卒業時期は子供が納得するものにできるといいですね。親が突然「今日で終わり」と宣言して打ち切れば、子供は戸惑うかもしれません。子供と一緒に「8歳のお誕生日からは、ひとりで歯磨きできるようにしようね」などと決め、それまでに歯磨きのスキルを高めるとともに卒業に向けた心の準備ができれば理想的です。

子供から「卒業したい」という希望があったときは、できるだけ早く応じてあげるといいでしょう。そうした場合は大抵、「友達はもう卒業しているのに」という気持ちを抱えています。

我が家では当たり前だった「仕上げ磨きをする」という習慣が、他の家庭ではすでに過去のものになっていた。その差に気がついた途端、幼い頃からの習慣を継続している自分に疑問を感じ、ステップアップしたいと思う子供は少なくありません。

小学生になれば少しずつ、家庭ごとに違いがあるということに気が付き始めます。自分の家庭での「当たり前」が、他の家庭にも当てはまるとは限らない。周囲にいる友達が、みんな同じ家庭環境で育っているわけではありませんから当然です。

そうして子供は、自分の家庭と他の家庭を比べて、そのギャップに思いを巡らせるようになるでしょう。ときには、他の家庭をうらやましいと思うこともあるかもしれません。

こうした経験は、子供の成長においてとても重要です。自分が正しいと思い込んでいた

「当たり前」にとらわれず、柔軟なスタンスでよりよい選択ができるようになるためには、こうしたギャップの体験が生きてくるのです。

家庭のみならず、地域や国が変われば、常識も変わることがあります。旅行や留学を通して触れた未知の習慣に、驚かされた経験がある人は多いのではないでしょうか。そして、その驚きが自身の視野を広げ、思考を柔軟にさせ、キャパシティを広げたという実感がある人も、きっとたくさんいるはずです。

もしも子供が、自分の家庭と他の家庭を見比べて「仕上げ磨きをやめる」と言い出したなら、これまでとは違う「当たり前」に触れ、飛躍しようとしているときなのかもしれませんね。

やってみよう

親子で期限を設定し、それまでに卒業できるようにする

たとえ子供が歯磨き上手になっていたとしても、親が突然「今日で終わり」と宣言して打ち切れば、戸惑うかもしれません。子供と一緒に期限を決め、それまでに歯磨きのスキルを高めるとともに、仕上げ磨き卒業に向けた心の準備ができれば理想的です。

どっち？　その37

宿題が終わらなくて就寝時間が遅くなりがち

□ スケジュール通りに取り組んでも終わらない場合、宿題が途中であっても就寝する

□ 就寝時間が遅くなったとしても、宿題が完成するまでは眠らない

宿題が終わらなくて、遅い時間まで眠れない日が続く。そんなときは思い切って、宿題の途中でも眠ってしまってはいかがでしょうか。

もちろん状況によっては、他の方法を考えたほうがいい場合もあるでしょう。しかし、もしも子供が、スケジュール通りに十分な時間をかけて宿題に取り組んでいるのなら、宿題が完了していなくても、それほど問題はないように思うのです。

宿題が難しすぎるから終わらない。そうした場合、さらに時間をかければ宿題を終えることはできるのでしょうか。

さらに30分頑張ることで完了できるのなら、努力してみるのもいいかもしれません。しかし、5時間頑張っても一歩も進まないのなら、努力する意味はないでしょう。そもそも、頑張り方がわからない状況なのですから。睡眠を犠牲にして根性論で粘ったところで、ほとんど成果は得られません。

このようなケースではまず、「わからないから教えてもらう」という対処が必要になります。相手は親でも先生でも、友達でもいいでしょう。参考書に頼るのもいいかもしれません。ひとりで考え込んでいても状況が変わらないことを認め、どうすればいいのかを考えましょう。

宿題のうち、自分の力でできるものはやり切ってほしい。しかし、どうしてもわからなくて解けない問題に関しては、「できるまで眠れない」とは思わなくていい。それが、子供と宿題に対する真摯な態度ではないでしょうか。

「宿題は全部やるべき」という強い気持ちが間違っているとは思いません。しかしだからと言って、適当な気持ちで宿題の空欄を埋めたり、寝る間を惜しんでまで努力の姿勢を示すことが求められているとは考えにくいからです。

もしも「宿題が完全に終わるまで眠らせない」という方針をとった場合、それが長期的に続くと子供の成長や健康を脅かす可能性があります。

小学生が健康を保つために必要な睡眠時間は9〜12時間、高学年でも多くの場合、10時間ほどは必要だと言われています。その理由として挙げられるのが、子供の成長ホルモンは、眠っている間に多く分泌されているということ。骨を伸ばすために必要な骨芽細胞の働きを促す成長ホルモンは、睡眠中に多く分泌されると言われています。特に、眠り始めから3時間ほどで訪れる深い眠りのときに、たっぷりと分泌されるのです。

そのため子供の成長には、十分な長さの睡眠をとること、そして、成長ホルモンがしっかりと分泌されるよう良質な深い睡眠をとることが不可欠です。

また、浅い眠りであるレム睡眠には、記憶を整理する働きもあります。レム睡眠は、起きている間に見聞きしたことや経験したこと、考えたことなどを整理してくれます。そうすることで、まとまりがなかった記憶が理解され、記憶されやすくなると言われています。睡眠の目的は、心身を休めることだけではありません。成長期の子供にとっては特に、欠かせない重要な役割を担っているのです。

宿題を完成させたいという気持ちはすばらしいものです。しかし、できれば時間を決め、十分な睡眠を確保できるようにして取り組みたいですね。

＼やってみよう／

スケジュール通りに取り組んでも終わらない場合、宿題が途中であっても就寝する

「宿題が難しすぎるから終わらない」と言う場合、どれだけ時間をかけても完了しない可能性もあります。そうした状況では、寝る間を惜しんで取り組み続けたところで、あまり意味はありません。子供の心身のためにも睡眠を優先し、できなかった宿題は「誰かに教えてもらう」という姿勢で今後の課題にすればいいでしょう。

どっち？　その38

「A 君みたいに頑張れ!」と応援しているけれど、やる気が出ないみたい

□

目標となる存在を意識させ、そうなれたときの喜びや達成感をイメージさせながら応援する

□

他の子供との比較をやめ、子供自身の「こうしたい」という思いを大切にする

子育てを難しくする最大の要因は、「子供のありのままを認めず、理想に当てはめようとする親の気持ち」です。

その気持ちは、「わが子を他の子供と比較する」という行動にあらわれます。ここにはもちろん、きょうだい間の比較も含まれます。

たとえ同じ学年でも、そして、同じ親から生まれていても、一人ひとりの子供が持つ個性は違っています。得意なことも興味があるものも、発達の度合いも異なります。同じ子供はひとりとしていません。ですから、わが子よりも何かができる他の子供を見つけて「あの子はできていることなのに、どうしてあなたにはできないの？」と叱咤激励したところで、意味がないと思うのです。

ライバルと比較し、競わせることによって子供の力を伸ばしたいというお気持ちもわかります。しかし、その気持ちのままに焦って子供に接したところで、結果がついてくるとは限りません。気分が乗らなかったり劣等感を抱いたりして、逆効果になることもあります。

だからこそ大切なのは、子供同士を比較することなく、そのままの姿を認めること。「何ができてもできなくても、あなたのことが好き」という姿勢でいることです。

子供が赤ちゃんだった頃を思い出してみてください。歩くことも話すこともできない。

しかし、何もできないその赤ちゃんの存在をあなたはまるごと認めて、無条件に笑顔を向けていたのではないでしょうか。

それにもかかわらず、子供の成長とともにその姿勢は変わっていきます。できることが増えるにつれ、そして、他の子供との差も見えてくるのに伴って、求めるものが増えていくのです。

「○○ができるから、あなたが好き」と言うとき、そこにあるのは条件付きの愛です。子供そのものを認める無条件の愛ではなくなっています。

子供同士の比較などを通して、親が設けた基準ばかりを意識していると、子育てはうまくいきません。子供がその基準に達しなければ、親はいつまでも満足できないわけですから。

しかし、親と子供は別の人間です。子供がやりたいと思っていることが、親が設けた基準と重なるとは限りません。子供には子供の個性があり、意思がありますから、基準に従うことを強要すれば違和感を覚えるのは当然のことでしょう。そして、親子関係がうまくいかなくなるのです。

親が設けた基準を手放し、子供への無条件の愛を伝えるためには、ありのままの個性を認めることが大切です。子供自身がやりたくないと思うことは無理にさせずに、そのままの気持ちを受け止めるのです。親が理想とする形に子供を合わせるのではなく、子供自らが「こうしたい」と思う気持ちをサポートしていきましょう。

親が「こんなことができるようになってほしい」と切羽詰まった気持ちで接していると、子供は自らの力を引き出しにくくなります。理想的なのは、焦らずのんびりと子供に寄り添うこと。そうすれば子供はリラックスして、自分らしい力を発揮できるようになるはずです。

他の子供と比べて、わが子が劣っている部分にばかり着目するのではなく、「好きなもの」「得意なもの」に目を向けてみてください。それを大切に伸ばしていけば、光り輝く唯一無二の個性が磨かれることでしょう。

すべての子供は、その個性において「一番」です。子供自身の意思によってその持ち味を最大限に生かし、のびのびと育てていけるよう、親は愛情を注いでいきたいものです。

やってみよう

他の子供との比較をやめ、子供自身の「こうしたい」という思いを大切にする

親が「こうなってほしい」と願う姿と、子供が「こうしたい」と思う方向性は、同じであるとは限りません。他の子供との比較はやめて、子供自身の気持ちを尊重しましょう。

どっち？　その39

「YouTuber になる」という、実現が難しそうな夢に夢中……

□ 「YouTuber になるにはどうしたらいいのか」を子供と一緒に考えて応援する

□ 親の視点から、より子供に適性があると思われる職業をすすめてみる

YouTubeやゲームに夢中になり、将来の仕事にしたいと夢見る子供は少なくありません。小学生がなりたい職業のランキングを見てみると、近年では必ずと言っていいほど、YouTuberやプロゲーマーがランクインしています。

そして親の中には、そうした子供の夢を阻む人もいるようです。「特別な才能があるひと握りの人しかプロにはなれないよ」といった言葉で、道を閉ざそうとしてしまうのです。

もちろん親は、子供の幸せを願い、よかれと思ってやっているのでしょう。

しかし、子供の人生は子供のもの。将来どのような道に進むのかは、子供自身が決めることです。たとえ非現実的な夢だったとしても、親はそのサポートをしてほしいと思います。

もしも私が、子供に「YouTuberになりたい」と言われたら、そのための方法を一緒に考えてみます。子供が本気でその道を志しているのなら、ぜひ応援をしたいですから。

できれば、実際に活躍しているYouTuberのところに連れて行って、そのリアルを教えてもらいます。それが難しい場合は、YouTubeに関する本を買ってきて一緒に学ぶのもいいですね。

私は七田式の公式YouTubeチャンネルに出演しているので、YouTuberのひとりと言えるかもしれません。その立場からお伝えできるのは、たくさんの人に見てもらえる動画をつくるためには、あらゆる技術が必要だということです。

私が出演しているYouTubeもそうなのですが、一つの動画をつくるためには、何人もの専門家が力を合わせています。

もちろん中には、行き当たりばったりで出演者の思い付きを自撮りするというシンプルなものもあるでしょう。しかし、人気YouTuberの作品には多くの場合、企画や撮影、編集などに携わるスタッフがいます。そして、それぞれが技術を結集し、手間をかけ、あらゆる工程を踏んだ上で動画がアップされているのです。

「YouTuberになりたい」という憧れを持つ子供の多くは、おそらく、YouTubeを企画したり出演したりする人になることをイメージしているのだと思います。高いレベルでその夢を実現するためには、高度な技術が必要です。その上、現場にはたくさんのプロフェッショナルがいます。そうした現場を知ることを通して子供は、自身の夢をより具体的なものにすることができるはずです。


もしも子供が「YouTuberになるため」という名目で、YouTubeを見ることに夢中で勉強も手につかないようなら、どうすればいいでしょうか。

一つ言えることは、「あなたがなりたいのはYouTuberであって、〝YouTubeを見る人〟ではないよね」ということです。

たくさんのYouTubeを見ることが、動画制作のアイデアの下地になることもあるかもしれません。しかし、受動的に動画を見続けることが、アウトプットに直結するとは考えにくいでしょう。それよりも、勉強によって見識を広め、思考したり問題を解決したりする力を身につけたほうが、人の心を動かす動画をつくる上で役立つはずです。

大人に比べると子供は、知識や経験が少ないこともあって将来を見通す力が育っていません。だからこそ親は、子供が希望する未来へと道をつなげるように見通しを立て、やるべきことを示してあげてほしいのです。

小学生の頃に熱中していたことというのは、何らかの形で将来につながっていることが多いものです。

私自身、小学生の頃は放送部の活動に熱心に取り組んでいました。その経験は、ラジオパーソナリティとしての活動につながっています。新聞部で活動していた父は、七田式の会報誌をいくつも創刊したほか、１６０冊以上の著書を生み出しました。

YouTuberに魅了される子供たちのいまも、そうやって未来につながっていくのかもしれませんね。

とは言え、そうやって目標にしてきた夢を、子供自身が変更してしまうこともあります。隣で応援してきた親としては残念に思い、「諦めずに続けなさい」と言いたくなるかもしれません。挫折しても諦めず、志を貫く強さを持ってほしいと願う気持ちもわかります。

しかし、決めるのは子供です。

そもそも子供時代には、大人よりもずっと狭い世界で生きていますから、知っている職業も限られています。自分の適性についても、それほど理解できているとは言えません。そのような状況で決めた夢が、大人になるまでずっと変わらないことのほうが、めずらしいのではないでしょうか。

子供は、日々の様々な経験を通して、自分への理解を深めていきます。

かつては「YouTuber になりたい」と願っていたけれど、自分にはその適性がないと気がつくこともあるかもしれません。もっと魅力的な夢を見つけて、その方向に向かうこともあるかもしれません。

しかし、それでいいのです。たくさんの経験を積み、情報に触れて試行錯誤をする中で、軌道修正しながら先へと進んでいけばいいのですから。

たとえ将来の夢を変更したとしても、これまでやってきたことは無駄にはなりません。YouTuber に憧れて磨いてきた企画力は、ラジオ番組をつくる上でも、本をつくる上でも生かすことができるでしょう。過去の積み重ねがリセットされるわけではないのです。ですから、どんなときでも親は子供の内側にある願いを尊重し、サポートしていきたいものです。特に、子供が夢中になって取り組んでいることがあれば、ぜひ応援してあげてください。

親から「もうやめなさい」と言われても手放せない。時間を忘れるほどに、とことん魅了されている。もしも子供にそんなものが見つかっているのなら、それは幸せなことです。その道を突き進み、突き抜けることで未来につながることもあるのですから。

もしも子供が、大人から見れば理解しがたい願いや、非現実的な願いを持っていたとしても、ぜひ見守ってあげてほしいと思います。

やってみよう

「YouTuberになるにはどうしたらいいのか」を子供と一緒に考えて応援する

たとえどのような夢であっても、それを実現するための道筋を示し、サポートしましょう。その夢を選ぶのかどうかは、子供自身が決めることです。

どっち？　その40

夢中になれるものや将来の夢を、見つけられずにいるみたい

□

あまり関心を示していないこと
でも、とにかく続けさせて
好きになれるように導く

□

親がアンテナを張って子供の
「好き」に気付き、広い世界を
見せて「好き」を伸ばせるよう
にする

同年代の子供たちを見ていると、夢中になれることや得意なこと、将来の夢などを持って生き生きと過ごしている。それに対してわが子には、没頭できるものがないようだ。そんなふうに感じたら、まずはわが子がどんなことに興味を持っているのかを観察してみてください。アンテナを張り巡らせていると、関心があることや好きなことの方向性が見えてくるはずです。ささやかなことでも構いませんから、少しでも楽しそうに取り組んでいるものがあれば注目してみてください。

その先にはきっと、子供が夢中になれることがあります。その先にある世界を知るうちにきっと、夢中になれることと出会えるはずです。

たとえば、少しでも乗りものに興味がある様子なら、いろいろな乗りものに乗る体験をさせてあげるといいでしょう。乗りものの情報を得られる図鑑や動画を見てみるのもいいと思います。そうするうちにきっと、子供の関心は高まっていきます。

初めのうちは関心がなくても、続けるうちに好きになることもあるでしょう。苦手なことであっても努力して取り組むうちに、得意になるということもあるでしょう。

しかし子供のうちは特に、少しでも関心があり、得意だと感じられるようなものに視線を向けてみればいいと思います。そのほうが喜びも大きく、成果も上がります。相乗効果が生まれてどんどん力が伸びていくはずです。

子供は一人ひとり、好きなことや得意なことが違います。そして、それが成長に伴って変化しますから、大好きだったものへの関心を急に失ってしまうこともあります。これまでは興味がなかったものに対して、突然目覚めることもあります。

だからこそ、とにかく親が子供の「今」を知ることです。子供は日々変化しています。日頃からアンテナを張り、そのとき夢中になれることを見つけてみてください。

そうするうちに実感するのは、子供が「好き」「得意」と感じて夢中になっているものというのは、子供自身がこれまで出合ったものの中にあるということです。これは大人にも言えることですが、当然ながら、知らないものを好きになったり得意になったりすることはありません。つまり、知っているものが増えるほど、「好き」「得意」と出合う可能性が高まるのです。

ここで少し、私の話をしたいと思います。

私の親は野球に興味がなかったため、私自身も野球に触れる機会がないまま育ちました。そのため、周囲には野球好きの友達もいましたが、自分は違うのだと思っていました。しかし小学5年生のとき、転機が訪れます。友達が父親とナイターに行くことになり、私に声をかけてくれました。そして、一緒に連れていってくれるというのです。

それまでは野球と縁がなかった私ですが、初めての野球観戦を経験すると、すっかり夢中になってしまいました。キラキラ光るにぎやかな球場でのひとときはとても刺激的で、「こんな世界があったのか!」と驚かされたことを、今でもよく覚えています。

私は、その翌日にバットとグローブ、ボールを買ってもらって野球部に入りました。他のメンバーよりも遅い時期の入部だったこともあり、レギュラーになることはできませんでしたが、野球に打ち込み、充実した時間を過ごしました。そして今でも、私にとって野球は大切な存在です。会社のメンバーと一緒にソフトボールをすることがあるのですが、そこでピッチャーをすることは大きな楽しみになっています。

このように経験の幅を広げることは、新たな「好き」と出合うきっかけを生むのです。

やってみよう

親がアンテナを張って子供の「好き」に気付き、広い世界を見せて「好き」を伸ばせるようにする

子供の「今」を観察し、少しでも関心があるものを見つけて、その先にある世界を見せてあげましょう。知っている世界が広がれば、夢中になれるものと出合いやすくなります。

おわりに

親が子供とともに過ごせる時間は、人生のうちのほんのひとときです。いつか子供は、親の手を離れ、目も届かない場所で生きていくようになります。

だからこそ親が心掛けたいのは、離れた場所でも子供が幸せに過ごしていけるよう、そのヒントを示すこと。子供が自らの力で、人生を切り拓けるようサポートすることです。

子供が成長して大人になったとき、家族の思い出として心に残るものの多くは、おそらく小学生時代の記憶です。

もちろん乳幼児期の記憶も心に深く刻まれていますし、中学生以降の出来事も覚えているはずです。しかし小学生時代の思い出は特に、子供の心の中に鮮やかに残り続けます。そして、いつまでも心を支えてくれるのです。

わが家の子供たちの思い出を、少し振り返ってみましょう。すると、小学校卒業前に親子でピアノの連弾をすることになり一緒に練習したことや、親子で漢検を受験するにあたって励まし合いながら勉強したことなどが、鮮明に浮かび上がります。

こうした思い出には、共通点があります。それは、「親子が同じ目標に向かって頑張った」ということ。「一緒に遊んで楽しかった」「プレゼントをもらってうれしかった」といった思い出よりも、同じゴールを見据え並んで走った記憶のほうが、どうやら心に残るようなのです。

「はじめに」でもお伝えしましたが、このようにして親子が併走できるのは小学生の時期だけ。だからこそ、子供とともに走れるこの貴重な時間を、大切に過ごしていただけますと幸いです。

私は職業柄、日々たくさんの方々から育児や教育についての相談を受けています。本書では、そうした経験をもとにして私なりの指針を示してきました。

しかし、育児や教育の世界は奥深く、決して一筋縄ではいかないものです。

この領域では専門家とされている私ですが、自分の子供たちを育てる過程では、数えきれないほどの迷いや悩みがありました。3人の子供たちはすでに成人していますが、未だに悔やんでいることもあります。

また、父である七田眞は七田式を確立させた稀有な教育研究家でしたが、その父でさえ、完璧な育児や教育ができたのかと言えば、決してそんなことはありません。それゆえ私自身も、父のやり方をすべて丸呑みするのではなく、自分の考えでわが子の育児や教育に携わってきました。

これはつまり、育児や教育には正解がないということだと思っています。

子供はもちろん親にも、唯一無二の個性があります。そして、それぞれが生きる環境や時代も異なります。私たちは常に、正解がない道を手探りで進んでいるのです。

「はじめに」では、そうした中で指針となるものとして「子供の見方6つのポイント」を示しました。ここでは本書を締めるにあたり、七田式が掲げているモットーをお伝えしたいと思います。

それが、「認めてほめて愛して育てる」です。

子育ては、常に「どっち?」と迷うことの連続です。私たちは、正解がない道を突き進みながら、ときに選択を誤ることもあるでしょう。振り返ってみると「あのときは、ああすればよかった」と後悔することもあるかもしれません。

そんななかでも忘れないでほしいのが「認めてほめて愛して育てる」ということ。親がその姿勢を持つことで、子供には、これからの時代を生きる力が培われます。

誰かによる評価や意見に振りまわされることなく、自分の言葉で思いや考えを表現できる。そして、自らが選んだ道を切り拓いていける。

子供時代に認められ、ほめられ、愛され育てられた経験によって、きっと、そのような力がもたらされることでしょう。

七田厚（しちだ・こう）

株式会社しちだ・教育研究所代表取締役。七田式主宰。

1963年、島根県生まれ。東京理科大学理学部数学科を卒業。父は七田式の創始者、七田眞。七田式教室は、国内約230教室に加えて、世界16の国と地域にも広がっている。

著者に、『お父さんのための子育ての教科書』（ダイヤモンド社）、『できる子が育つ七田式親子あそび33』（徳間書店）、『夢を叶える右脳力――“七田式”大人になっても脳を成長させて「今の自分」を打破する方法』（サンライズパブリッシング）、『どっちの子育て？――七田式 親子の信頼関係を結んで「幸せな未来」につなげる41のポイント』（講談社）などがある。

どっちの子育《こそだ》て？　小学生編《しょうがくせいへん》
――七田式《しちだしき》・「自分《じぶん》の意思《いし》で決《き》められる子供《こども》」を育《そだ》てる40のポイント

2023年 6 月29日　第1刷発行

著者　七田厚《しちだこう》

発行者　寺田俊治

発行所　株式会社 日刊現代
東京都中央区新川1-3-17　新川三幸ビル
郵便番号　104-8007
電話　03-5244-9620

発売所　株式会社 講談社
東京都文京区音羽2-12-21
郵便番号　112-8001
電話　03-5395-3606

印刷所／製本所　中央精版印刷株式会社

表紙・本文デザイン　松崎理（yd）
編集協力　ブランクエスト

C0037

ISBN978-4-06-532688-6